PROFESSIONAL SPORTS BUSINESS

プロスポーツビジネス

私たちの成功事例

東邦出版[編]

- マーケティング
- スポーツデータリサーチ
- スポーツファシリティ
- イノベーション
- スポーツツーリズム
- クラブ経営
- スポーツブランディング
- アジア戦略
- 放映権ビジネス

東邦出版

プロローグ

日本では今、スポーツへの注目度は日増しに高まっています。3年後には東京2020オリンピック・パラリンピックを控え、スポーツ界のみならず数多くの企業がこの高まりを好機と捉えています。また2016年に日本政府によって閣議決定された「日本再興戦略2016」で官民戦略プロジェクト10の一つとして「スポーツの成長産業化」が掲げられました。今や過去に類を見ないほどのモノとカネがスポーツに流れ込んでいます。

ですが同時に、「スポーツビジネス」という言葉が独り歩きしているように感じ、危機感を覚えるようにもなりました。

一言でスポーツビジネスといっても、その業種業態は非常に多岐にわたります。スポーツビジネスとは、いったい何でしょうか？

スポーツの特性上、置き去りにされがちですが、「スポーツビジネス」はあくまでも「ビジネス」です。ビジネスを端的に表すのであれば、「価値の創造」と「価値の交換」。つまり「スポーツビジネス」とは、スポーツの持つ〝価値〟を商品やサービスにして世の中に届けることです。

では、スポーツの持つ〝価値〟とは何でしょうか？

これまでの日本のスポーツ界では、「感動」や「興奮」といったスポーツの持つ原始的な価値をもって営まれてきたように思います。ですが、それだけではスポーツに興味・関心を持っている人たちには響いたとしても、そうでない人には意義のある価値だと感じてもらえないでしょう。スポーツは実に多種多様な〝価値〟を有しているにもかかわらず、ごく一部の人にしか届かない価値を提供しているようでは、スポーツの市場は広がっていきません。「日本では欧米と比較してスポーツ界における産業化が遅れている」といった指摘がよくなされていますが、この問題の根本的な原因はこうしたところが背景にあるのではないでしょうか。

スポーツの持つ〝価値〟は、もっと社会へと還元され、共有されるべきです。つまり、スポーツそのものが社会との接点となってその〝価値〟を届け、あらゆる人々にとって意義のある存在となる。それこそが、スポーツの社会的地位の向上、スポーツの産業化の推進へとつながると信じています。

そのために最も重要なことが、人材＝ヒトです。当然モノとカネは非常に大事な要素ではありますが、スポーツの持つ〝価値〟から新たな商品やサービスをつくり出すのは、あくまでも〝ヒト〟だからです。

本書に登場する、スポーツビジネス界における9人のトッププランナーたち。

彼らもまた、スポーツの持つ〝価値〟を信じ、国内だけではなく世界を舞台にスポーツビジネスの最前線で活躍されている方々です。彼らはいかにしてここに至ったのか。子どものころは何を考え、どのようにしてスポーツと出会い、この世界へと飛び込む決意をしたのか。現在どんなビジネスを展開し、未来をどう見据えているのか。そして、そこからあぶり出される彼らの信念が、ここに描き出されています。

彼らが歩んできた道のりや胸に誓う信条は、それぞれに違います。それはつまり、「彼らのようにスポーツビジネスの最前線で活躍したい」と考えた時、〝正解〟は無いということを示しています。共通しているのは信念を貫き。自分自身で〝正解〟をつくり出してきたこと。そして、その根底にある揺るぎないスポーツへの愛情です。

「感動」と「興奮」――。それは、スポーツの原始的な価値であると同時に、スポーツの持つあらゆる〝価値〟の源泉であり、スポーツを唯一無二の存在たらしめる本質的で核となる価値。それを身をもって知っている彼らが第一線で活躍しているのは、決して偶然ではないはずです。

トップランナーたちが語る、「プロスポーツビジネス 私たちの成功事例」。

本書は単なるスポーツビジネスの教科書ではありません。トップランナーの言葉をひも解きながら、スポーツの持つ〝価値〟をあらためて見つめ直し、「スポーツビジネス」の未来を切り拓くためのきっかけになればと願っています。そして、読み終えた読者のなかから一人でも、自分の夢や目標に向かって駆け出すきっかけになれば幸いです。

CONTENTS

に帰国することもありましたが、子どものころはニューヨークで過ごす時間が長かったです。もちろん人種差別などを受けたことはなかったのですが、自分という存在がアメリカではマイノリティなんだなと気付いていくわけです。周りの友達は、「君のお父さんは忍者なの？」とか、「お母さんは毎日お寿司を握っているの？」などと聞いてくる。アニメや映画のなかの世界にあるような、ステレオタイプの日本のイメージしか持っていなかったんです。

ここアメリカでは、日本という国がこんなにも知られていないんだと感じ、非常に悔しい思いをしていました。自分が何者なのか、突き詰めて考えていくと、やはり自分は日本人なんだな、と。日本人としてのアイデンティティ、日本人の誇りに気が付いたわけです。

「日本の存在を世界に伝えていく仕事がしたい――」

この時、私のライフコンセプトが決まりました。

そのためには、自分自身がもっと日本のことを勉強する必要がある。日本の文化に触れ、日本の環境に身を置く必要があると考え、日本の大学へと進学しました。ラクロス部に入り、いわゆる体育会の縦社会を肌で感じながら、自分自身を日本の価値観に合わせていくなかで、〝日本人〟になっていった気がします。

就職活動を始めたころ、ある日本人の活躍に強い共感を抱くようになります。MLBのロサンゼルス・ドジャースに移籍した野茂英雄さんが大活躍して、アメリカ中でフィーバーを巻き起こしていたのです。野茂さんを通じて、アメリカ人が日本という国や文化に関心を持つようになりました。

スポーツというものが、言語の壁を超えて、他国への興味を持つきっかけになったわけです。「やりたいことはこれだ！」と、頭を打たれたような衝撃がありました。

それからは、「〝スポーツを通じて〟日本の存在を世界に伝えていく」というライフコンセプトを軸に就職活動をしました。例えば、あるテレビ局のアナウンサー試験の面接では、相撲をＭＴＶ調に実況したいと話しました。アメリカでは肥満が社会問題となっていますが、アメリカで相撲がブームになれば、肥満の人たちにとっての救いになるかもしれませんし、日本に興味を持ってくれるようになるかもしれない、と。結局２社から内定をいただきました。

ただ、あまり表舞台に立ちたくないなと思い、他にも自分のライフコンセプトを軸にできる仕事は何があるのだろうと調べていたなかで、広告代理店という仕事に辿り着きました。ここでなら、スポーツに協賛するスポンサー企業の製品を海外に向けて売っていくなかで、日本の文化を海外へ広く伝えていくことができる、と。日本人とアメリカ人、両方の文化や価値観を理解している自分が、その懸け橋になりたいんだと面接でアピールし、無事、博報堂に入社することになりました。「スポーツを通じて日本の存在を世界に伝えていく」というライフコンセプトは、会社が変わっても、自分のなかで今も変わらず追求し続けています。

本書に登場する主な略語

AFC（Asian Football Confederation）
アジアサッカー連盟

FIFA（Fédération Internationale de Football Association）
国際サッカー連盟

IOC（International Olympic Committee）
国際オリンピック委員会

JOC（Japanese Olympic Committee）
日本オリンピック委員会

MLB（Major League Baseball）
メジャー・リーグ・ベースボール

NBA（National Basketball Association）
ナショナル・バスケットボール・アソシエーション

NFL（National Football League）
ナショナル・フットボール・リーグ

UEFA（Union of European Football Associations）
ヨーロッパサッカー連盟

WWE（World Wrestling Entertainment）
ワールド・レスリング・エンターテインメント

渡邉和史

日本コカ・コーラ
マーケティング本部マーケティング・アセッツ部長

「『スポーツを通じて
日本の存在を世界に伝えていく』
というライフコンセプトを、
今も変わらず追求し続けています」

わたなべ・かずふみ
1974年生まれ、カリフォルニア州サンディエゴ出身。高校卒業までアメリカと日本を行き来し、上智大学へ入学。卒業後、博報堂に入社。南米のサッカー大会のマーケティングを代理店の立場として従事。2002年のFIFAワールドカップではFIFAマーケティングに在籍し、連盟側としてスポーツコンテンツを体験する。2011年からは日本コカ・コーラにてスポンサー側としてFIFA・オリンピック・選手契約等の部署を統括し、全立場からスポーツマーケティングを把握している存在である。

Kazu Watanabe
×
Marketing

ジョン・S・ペンバートン博士によって、薬剤の調合中に誕生した「コカ・コーラ」。130年が経ち、今や200以上の国と地域で販売され、世界中の人々に最も愛されている飲料へと成長した。

コカ・コーラ社が確固たるブランドを築き上げた背景には、彼らならではの徹底した独自のマーケティング理論があった。

同社でマーケティング本部 マーケティング・アセッツ部長を務める渡邉和史氏が語る、スポーツマーケティングの極意とは――。

[現在に至るまで]

スポーツを通じて日本の存在を世界に伝えていきたい

アメリカで経験した、アイデンティティの喪失。それが、今の私の「ライフコンセプト」のルーツだといえます。

銀行員だった父のもと、私はアメリカのサンディエゴで生まれました。父の転勤で一時期、日本

マーケティングの仕事で「スポーツの力」をあらためて実感した

入社してから初めての本格的なスポーツマーケティングの仕事が、南米のサッカークラブ王者を決めるコパ・リベルタドーレスでした。この年からトヨタ自動車が大会の冠スポンサーになるということで、ちょうど私がスペイン語を話せるということもあり、担当になったのです。すごく嬉しかったです。博報堂に入って良かった、と（笑）。

南米市場におけるブランド認知度の向上。それが、トヨタが大会スポンサーになった目的です。そこで私が提案したのが、大会に参加するチームのホームタウンにある孤児院に、大会およびトヨタのロゴが入ったサッカーボールを寄贈することでした。選手を連れて行き、サッカークリニックもやる。子どもたちにとっては夢のような時間を過ごし、終わって帰る時には何キロも追い掛けて走って来るんです。すると、選手の意識も変わる。

当時無名だったブラジルのある選手も、最初はすごく面倒がっていました。ですが、何年か経った後に、「あの日を境にサッカー観が変わった。あれだけがむしゃらにサッカーをやる子どもたちがいることに気付かせてくれた。本当にありがとう」という手紙と、その時に購入したというトヨタの車と一緒に写った写真を送ってくれました。

その選手はのちに、ヨーロッパのビッグクラブへと渡り、ブラジル代表としても活躍する世界的な名手となりましたが、今でも非常に積極的に慈善活動をしているそうです。

メディアも非常に好意的な論調の記事を書いてくれたことで、当然トヨタのブランド認知も飛躍的に向上し、トヨタの現地法人もものすごく喜んでくれました。

あらゆる人たちにポジティブな影響をおよぼすことができた。「これこそがスポーツの力だ！」とあらためて実感しました。

そのシーズンの決勝戦、エクアドルのグアヤキルでのことです。この日はものすごく風が強く、看板がバタバタ倒れてしまったのです。これはいけないと思って、必死に体を張って看板を押さえていました。それをＶＩＰルームで見ていたＩＳＬ（International Sports and Leisure。スイスに本社を置いていた国際的なスポーツマーケティング代理店企業。ＦＩＦＡと密接な関係にあった）の人間に、「あいつ、面白いな」と呼ばれました。そこでの巡り合わせによって、新たな転機を迎えることになったのです。

日本帰国後の２０００年、スポーツとは違う業務をしているなかで、その彼からメールが来ました。「３カ月後、ＩＳＬが東京にオフィスを開く。うちで働かないか？」と。２年後にＦＩＦＡワールドカップが日本で開催されるということで、オフィシャルパートナーのアクティベーションを担当できる人間が欲しかったようです。コパ・リベルタドーレスでの経験を買われたことが大きかったのだと思います。後は、看板を必死に押さえていた姿が印象に残っていたのかもしれません（笑）。

博報堂は良い会社で、先輩にもお世話になりましたし、仕事も軌道に乗ってきたところでした。ただ、今後スポーツの世界で働いていきたいのであれば、ＩＳＬはその人脈を築く絶好のチャンスであると感じました。それに、日本でＦＩＦＡワールドカップが開催されることで、世界中の注目が日本に集まる。日本を世界にアピールするチャンスでもあるわけです。給料は博報堂時代の半分になってしまいましたが、それ以上にこの仕事には価値がある、自己投資だと考えて転職を決めました。

ＩＳＬでは、アディダス、バドワイザー、ヒュンダイ自動車を担当しました。ＦＩＦＡワールドカップを通じて各パートナー企業が持っている権利を遂行できるように、大会組織委員会とパートナー企業の間に入って調整する役割を担っていました。

1年くらい経った時のことでした。前からうわさにはなっていたのですが、ＩＳＬが倒産してしまったのです。ただ、ＦＩＦＡワールドカップが目前に迫っていたこともあり、ＦＩＦＡがパートナー企業に関する業務を遂行するＦＩＦＡマーケティングを設立、私を含めたＩＳＬのサッカー部門が移管されました。

その後、２００２年本大会を終え、ＦＩＦＡマーケティングの日本法人は解散。残った人たちでスポーツブランディングの会社を設立して、国内外のプロスポーツリーグ・チームのブランディングを行いました。北海道日本ハムファイターズのブランディングでは、大学、博報堂、ＦＩＦＡマーケティングでも一緒にやって来た日置（貴之）が中心となって遂行していました（「スポーツブランディング／日置貴之」の項参照）。

その後、再び博報堂へと戻り、日本企業による海外サッカーのプロジェクトは全部取り仕切っていました。この時期、ありがたいことに非常に多くの企業からヘッドハンティングのお話をいただいていましたが、スポーツを通じて日本の存在を世界に伝えていくというライフコンセプトに沿った仕事ができていましたし、充実した時間を過ごしていたので、どんな好待遇でもすべて断っていました。

ただ、ある会社から声を掛けてもらったことで、新たなチャレンジに身を投じることを決意します。

人生を大きく左右した、2013年9月8日の出来事

当時の自分はすでに、スポーツ業界において確固たる人脈を築いていましたし、エージェントや、連盟などのライツホルダー側の立場での業務経験がありました。あと足りないのは、スポンサー側の立場だと。

そう考えていたころのことでした。ある日ゴルフをしていたら、日本コカ・コーラから電話がかかってきたのです。「うちに来る気はないか?」と。もう動揺して、ラウンド中はそのことで頭がいっぱいになって、史上最多スコアをたたきました（笑）。

日本コカ・コーラは2009年からJリーグのオフィシャルスポンサー（2012年よりトップ

パートナー）を務めていたのですが（２０１５年まで）、エージェントとして日本コカ・コーラの担当をしていたのが私でした。毎日のようにオフィスに足を運び、Ｊリーグのスポンサーシップをどう活用するかといった仕事を一緒に進めていたのです。

コカ・コーラ社といえば、ＦＩＦＡワールドカップやオリンピックといった国際的なスポーツイベントのトップパートナーを務め、最高峰のスポーツマーケティングを展開しているグローバル企業。こんな機会はなかなかあることではないと、即決しました。

この時は、将来的にアトランタにある本社へと異動し、２０１８年ＦＩＦＡワールドカップ・ロシア大会をグローバルで取り仕切れるぐらいのポジションに行きたいという野望を持っていました。

ところが、２０１３年9月8日の早朝、ＩＯＣのジャック・ロゲ会長（当時）が発した一言が、人生を大きく左右したのです。

「トーキョー！」

オリンピックが東京にやって来る！　世界中の注目が再び、日本に注がれるわけです。しかも、コカ・コーラ社はそのトップパートナー。これほどのチャンスは二度と訪れないかもしれない。

その日から、東京２０２０オリンピックに向けて突っ走ろうと決意し、今に至っています。

［スポーツビジネス最前線］

最も重要なのは、消費者に「共感」を持ってもらうこと

「コカ・コーラ」は１８８６年に誕生し、世界中で最も愛されているブランドへと成長を遂げました。その大きな要因の一つに、１９２８年のアムステルダム大会よりオリンピックとの関係が始まったことが挙げられます。

アメリカではすでに爆発的な売り上げを記録しており、さらに海外にも展開していこうという時期でした。オリンピックという国際的なスポーツイベントが、ブランド認知の向上に寄与できるものだと着目したわけです。コカ・コーラ社のスポーツマーケティングは、他社に先駆けること今から約90年も前に始まっていたのです。

日本のコカ・コーラシステムでは、日本コカ・コーラが製品の企画開発・広告宣伝・マーケティングや原液の供給を担い、全国に展開するボトラー社が製品の製造・販売を行っています。マーケティングにおいては、「コカ・コーラ」や「アクエリアス」といった製品ごとにブランドチームがあり、製品ごとの特徴やターゲットに応じてマーケティング戦略を立てていきます。そのなかでボトラー社から現場の意見も吸い上げて、ブラッシュアップしていきます。

「1本でも多くのコカ・コーラ社製品を消費者に届ける」

これが、私たちマーケティングチームのミッションとなります。

そして、そのために最も重要なことが、「共感」です。コカ・コーラ社のブランドに手を伸ばしてもらうために、どのようにして消費者に共感を持ってもらうのか。

その実現のためにコカ・コーラ社で行っているマーケティング手法が、ＩＭＣ（Integrated Marketing Communications）です。

ＩＭＣ自体はコカ・コーラ社独自のものではありません。今や消費者と企業のタッチポイントは多様化していますが、それらを個別単体で考えるのではなく、すべてのタッチポイントを掛け算してコミュニケーションを取ることで、消費者へブランドメッセージを伝えていこうというものです。

より多くの人たちに共感を持ってもらおうと考えた時、皆それぞれブランドとのタッチポイントは異なります。例えば、ＴＶ－ＣＭを見て共感する人もいれば、プロモーションを通じて共感する人もいる。他にも、街中で配られるサンプリング、好きなタレントのポスター広告、コンビニで見たパッケージデザイン、ＳＮＳでの投稿などもある。これらが同じコンセプトのもとでシームレスにつながっていないと、消費者に伝わるメッセージがぶれてしまいます。あらゆるタッチポイントを活かしながら、消費者のマインドにブランドメッセージが浸透していくよう徹底しています。

そのＩＭＣチームのなかで私が従事しているのが、マーケティングに活用する資産を管理している「マーケティング・アセッツ」です。オリンピックやＦＩＦＡワールドカップといったスポーツイベント、アスリート、ミュージシャンといったアセットを、ブランドごとのコミュニケーション戦略のなかに具体的にどう落とし込めば、消費者の共感を生み出し、売り上げにつながっていくのかを考えています。

例えば、２０１６年６月に競泳の今井月《るな》選手とパートナーシップ契約を結びましたが、ブランドチームは何をやりたいのか、今井選手はこの先自分が何をやらなければならないのか、４～５年先まで見据えたうえで、お互いのビジネスにつながっていくように考えて契約しています。

マーケティング・アセッツの最大のミッションは、ブランドチームのＩＭＣ活動を支え、彼らが必要としている時にすぐにアセットを提供できるよう準備しておくことです。そのためには当然、すべての契約内容を把握しておく必要があります。オリンピックやＦＩＦＡワールドカップでは何ができるのか、どのアスリートには何をしてもらえるのか、それらをどう組み合わせることができるのか。あくまで何も決まっていない例え話ですが、ＦＩＦＡワールドカップ・ロシア大会のトロフィーツアーを日本コカ・コーラ所属の北島康介さんに帯同してもらったり、東京２０２０オリンピックの聖火リレーを今井選手に一緒に走ってもらったりなど、ブランドチームがキャンペーンを仕掛けられるような準備をしているのです。

マーケティング・アセッツが掲げている中長期的な戦略は３つ。

１つ目は、一般的なスポンサーシップで求められるようなブランド露出ではなく、あくまでも消費者が求め、共感する価値を提供していくということです。

２つ目は、他社と同じことをせず、イノベーティブであること。常に新しいことへのパイオニアであり続けるということです。

３つ目は、日本コカ・コーラだけではなく、ボトラー社も含めたコカ・コーラシステム2万3000人全員でアセットの価値を引き出していけるように、その土壌をつくることにあります。

また、こうした中長期的戦略を支える基本哲学もまた大事にしています。

まずは、保有しているアセットは常にベストな状態にして、最大限に活かしていくということです。少し露出が落ちてきたなと思ったら、こちらからどんどん露出させていくことで、アセットの新鮮さを保つのです。

次に、必要なものを買って、買ったものはとことん使うことです。私たちは「1：5の理念」と呼んでいますが、例えば1億円で買ったアセットには、5億円のアクティベーション費用をかけています。スポンサーシップで失敗する企業にありがちなのが、買って満足してしまっていることです。いくら名門のゴルフの会員権を買ったところで、行って使わないと意味がないのと同じです。私たちのリサーチでは、買った金額の5倍の予算を投下してアクティベーションに使わないと、ブランドが消費者に浸透しないというデータが出ています。ですので、アセットを買う時には必ずその5倍の予算を用意しています。

そして、アセットの使用率はＯＥＳＰ順に高めること、つまりオウンドメディア（Owned media）→アーンドメディア（Earned media）→シェアードメディア（Shared media）→ペイドメディア（Paid media）の順にアセットを投下することです。オウンドメディアはコカ・コーラ社のＨＰはもちろん、自動販売機や配送車など、自社でコントロールが利くメディアで、アーンドメディアはＳＮＳなどの、消費者とのコミュニケーションが可能なメディアになります。シェアードメディアは、例えばマクドナルドのトレーに乗っている紙媒体のように、コカ・コーラ社のパートナーと共有しているメディアとなります。最後のペイドメディアは、広告費を支払って出稿することのできるテレビや新聞といった旧来型のメディアです。できるだけ自分たちでコントロールできるメディアから優先して利用することで、アセットをより効果的に活用したいという意図があります。

後は、エージェンシーを通さず、パートナーと直接コンタクトを取ることを徹底しています。これにはメリットが２つあって、一つはエージェント費用が不要になるので、その分をアクティベーションに使うことができるという点。もう一つは、私たちの意図がダイレクトかつスピーディに伝わりやすいという点です。人づてになるとどうしてもコミュニケーションロスが起きてしまうので、お互いにとってそのほうが良いと考えています。

最後は、ボトラー社と密に連携を深めることです。彼らが肌で感じている消費者の空気感や声を拾い上げて、喜んでもらえるアセットを提供していき、いかに販売につなげていくかというところです。

世界の舞台で活躍する若手アスリートを育てていく

コカ・コーラ社はオリンピックのワールドワイドパートナーということもあり、これから東京2020オリンピックに向けてさまざまな施策を推進していくことになりますが、そのなかでも今、私たちが力を入れているプロジェクトを2つ紹介したいと思います。

1つ目のプロジェクトは、「コカ・コーラスポーツクラブ（コカ・コーラS.C.）」です。これは、日本の若手アスリートがオリンピックなど世界の舞台で活躍できるように、身体面から精神面まで全面的にサポートすることを目的に立ち上げたチームです。このチームのテクニカルディレクターを、2016年に現役を引退した北島康介さんに務めてもらいます。

彼は2005年以来、日本コカ・コーラの所属アスリートとして活躍してきました。今後は「コカ・コーラ・チーフオリンピック担当オフィサー」として、私たちと一緒にオリンピックムーブメントを推進し、社内外におけるアンバサダーとして尽力してもらう一方、このコカ・コーラS.C.ではメンターのような役割、例えば、世界の舞台で活躍するためにはどんなことに取り組めばいいのか、どんな準備が必要なのかといったようなアドバイスをするなど、若手アスリートたちを引っ張っていく役割を担ってほしいと考えています。

現在、コカ・コーラS.C.には前出の今井月選手が所属しています。今後はさらに契約アスリートを増やしていき、6〜8人くらいのチームにしていきたいと考えています。

契約アスリートを選ぶ際のポイントは3つあります。

1つ目は、これまで何度も出ている「共感」です。コカ・コーラのメインターゲットはティーン世代。彼らと同年代のアスリートが頑張っている姿を見て、「カッコイイ！」「応援したい！」「あの人みたいになりたい！」といった、憧れの気持ちを抱かれるようなアイコンになれることです。

2つ目は、「育成」です。アスリートとしての力があり、将来的には北島康介さんのように日本コカ・コーラ所属のアスリートを引っ張っていける存在になってもらえるかどうか。

3つ目は、コカ・コーラ社のコーポレートブランドイメージとの「同一化」です。東京2020オリンピックのパートナー企業には、ワールドワイドパートナーから、ゴールドパートナー、シルバーパートナーまで合わせて54社もあります（2017年3月現在）。これだけの企業が2020年に向けて相当量のオリンピックキャンペーンを仕掛けていきます。そうすると当然アスリートとの契約も取り合いになってくるわけです。日本コカ・コーラではかつてゴルフの石川遼選手とスポンサー契約を結んでいて、「石川遼＝アクエリアス」というイメージにしていきたいと考えていました。ですが、彼には最大で26社ものスポンサーがついた。そうなると、消費者にとっては石川選手と「アクエリアス」が結び付かなくなってしまいます。

つまり、そのアスリートを見ればコカ・コーラ社のブランドを想起させられるかどうか、といったことも重要なポイントになるわけです。

こうした観点から、コカ・コーラS.C.に所属してもらう若手アスリートを増やしていき、若手アスリートならではの積極的な意見交換や交流をもって、東京2020オリンピックに向けたムーブメントを推進していきたいと思います。

東京2020オリンピックに向けて体を動かす楽しさを感じてもらいたい

2つ目のプロジェクトは、「オリンピックムーブス（Olympic Moves）」です。

昨今、東京2020オリンピック後にどんなレガシーを残すかといった議論が活発になされていますが、当然、日本コカ・コーラとしても、東京2020オリンピックとのアソシエーションやアクティベーションを通じてビジネスレガシーを生み出していきたいと考えています。

わかりやすい例として、2014年ソチ大会におけるコカ・コーラ社のビジネスレガシーを紹介しましょう。当時、ロシア南部における「コカ・コーラ」と「ペプシコーラ」のシェアは、2対8と圧倒的にペプシが優勢でした。そこで、開催都市がソチに決まってから7年間をかけて、そのシェアを逆転させていきました。

また2012年ロンドン大会では、飲料ボトルのリサイクルを推進しました。聖火リレーと一緒にリサイクル専用のハイブリット車を走行させ、「Move to the Beat」と題して音楽に乗りながらリサイクルを行うというキャンペーンを展開。5万人以上の人々がリサイクル活動に参加し、

1000万本ものボトルをリサイクルしました。ロンドン大会は「オリンピック史上最大のサステナビリティ施策を取る」という目標を持って開催されたのですが、コカ・コーラ社ではオリンピックを通じてイギリス国民のリサイクルに対する意識改革を行い、コカ・コーラ社がサステナビリティの実現に対して非常に先進的だという地位を確立することができました。

どちらもオリンピックがあったからこそ達成することのできた長期的なビジネス利益だといえるでしょう。それこそがコカ・コーラ社にとってのビジネスレガシーなのです。

このように、「オリンピックムーブス」はコカ・コーラ社にとって、ビジネスレガシーを残すための施策として力を入れているのです。

今、世界中の国々で、若年層が運動する機会が不足しているという問題を抱えています。「オリンピックムーブス」はこうした問題を解消するために、2003年にオランダで始まったプログラムで、現在コカ・コーラ社とIOCが共同で世界的に展開しているのです。中学生・高校生がオリンピックと同じ競技で地方予選を行い、年に一度全国大会を戦う、いわば甲子園のオリンピック競技版です。実施国ではすでにスポーツの祭典として認知されており、世界的なムーブメントとなっています。

東京2020オリンピックを控えているということもあり、この「オリンピックムーブス」を日本でも実施するよう本社（アメリカ）から要請がありました。そこで私たちは早速、日本の中学生年代のスポーツ環境を調査したところ、注目すべき結果が表れたのです。

２０１５年にスポーツ庁によって実施された「全国体力・運動能力、運動習慣等調査」によれば、1週間の総運動時間が60分未満の生徒が、男子で7・1パーセント、女子に至っては21・0パーセントにもおよんでいました。スポーツを好きな生徒は部活動や地域のクラブでスポーツをしていますが、スポーツに苦手意識のある生徒は運動する習慣が極端に少なく、体力的にも大きな差があるという状況が浮き彫りになったのです。

当初、本社からは、世界で展開している内容で「オリンピックムーブス」を実施するよう求められたのですが、日本ではうまくいかないと感じました。運動を苦手にしている生徒は〝ガチ〟でスポーツをやることに対して劣等感や拒否反応があり、そのままやってもそういった生徒たちを置き去りにしてしまう。そこで私たちが目を付けたのが、昨今人気の出ている〝ゆる〟スポーツです。

実施しているのは、「バブルサッカー」「イモムシラグビー」「ベビーバスケットボール」「スピードリフティング」「１００センチメートル走」という5競技。バブルサッカーはバブル（泡）をイメージした透明な球体の中に入り、イモムシラグビーはイモムシのようなウェアを着けて這ったり転がったりしながらプレーします。ベビーバスケットボールは衝撃が加わると赤ちゃんのように泣き出すボールを使用するため、スピードやパワーは逆効果となり、膝を使いながらそっとパスを回していく競技です。運動経験や身体能力に関係なく、誰もが仲良く、互角の勝負を楽しめる〝ゆる〟スポーツを提供することによって、運動に対する劣等感や拒否反応を取り払い、運動する機会を持ってもらおうと考えたのです。

２０１５年11月、福島県相馬郡の新地町立尚英中学校で開催したのを皮切りに、これまでに数多くの中学校で実施してきましたが、みんな本当に笑顔になるんです。初めて見る競技や道具に最初はとまどいながらも、徐々に表情がほぐれていって、最後には思いっ切り体を動かして笑顔になる。それを見ている先生たちもまた笑顔に……。この光景には本当に心を打たれました。

このプログラムを活用して、東京２０２０オリンピックに向けた期待感や盛り上がりを醸成していきたいと考えています。また、一過性のイベントで終わらせるのではなく、２０２０年以降も持続していき、体を動かす楽しさを知ってもらって、健康的な毎日を過ごしていけるようなムーブメントを巻き起こしていきたいと考えています。まずは東京都23区と26市で必ず1校は網羅して、少しずつ裾野を広げていきながら、２０２０年から２０２１年ごろには全国に展開していきたい。「僕の中学校にもオリンピックがやって来た！」と、オリンピックムーブスをきっかけに、スポーツに夢中になってもらえたら嬉しいです。

ただもちろん、「オリンピックムーブス」を実施する目的は、子どもたちの運動不足の解消や、東京２０２０オリンピックに向けた機運の醸成だけではありません。先ほどもお話ししたように、コカ・コーラ社としてのビジネスレガシーを残していく必要があるからです。

それは、中学生年代へのコカ・コーラ社ブランドの浸透です。

イベント中には運動して汗をかいた生徒たちに「コカ・コーラ」や「アクエリアス」といったコカ・コーラ社の製品で喉を潤してもらい、イベント終了後には「コカ・コーラ」のＴシャツをプレゼントしています。また、「コカ・コーラ」のロゴが入ったバブルの球体やイモムシのウェアといった競技キットを寄贈するので、昼休みや体育祭に使ってもらえば、楽しかった思い出とともにコカ・コーラ社ブランドを思い出してもらえるでしょう。ブランドに対するロイヤルティの向上、それによるライフタイムバリューの上昇、これが私たちの考えるコカ・コーラにとってのビジネスレガシーです。長期的な目で見た時、コカ・コーラ社にとって多大な利益をもたらしてくれることは間違いないでしょう。

これから日本では、2019年にラグビーワールドカップ、2020年に東京オリンピックが開催されます。2019年ラグビーワールドカップ日本大会に関しては日本代表のオフィシャルスポンサーを務めていますし、東京2020オリンピックに関してはこれまでお話した通りです。

それぞれにおいて、コカ・コーラ社のビジネスレガシーを残すために、どのようなマーケティング戦略のロードマップをつくっていくのか。消費者とのコミュニケーションにおいて、さまざまなアセットをつなぎ合わせていくことで、どのようなストーリーを描いていくのか。そこを徹底していきます。

マーケティングの担当者としては、ただスポーツやアスリートの協賛をするということではなく、当然結果を出していかなければなりません。

世の中ではよく、スポーツマーケティングという言葉が独り歩きしているように感じますが、スポーツマーケティングは特別なものではありません。ただ単にマーケティングの素材がスポーツというだけで、マーケティングであることに変わりはないのです。

1本でも多くのコカ・コーラ社製品を消費者に届けていくこと。そのために、スポーツを含めてさまざまなアセットを活用し、より多くの人たちの共感を得て、コカ・コーラ社のブランドを愛してもらう。そこにこだわっていきたいと考えています。

[見据える未来]

10年後、20年後の自分の姿をイメージすることが大事

「スポーツを通じて日本の存在を世界に伝えていく」

それが私の掲げているライフコンセプトです。

ライフコンセプトを明確にすることで、自分の軸がハッキリとし、しっかりとした判断基準を持つことができるようになります。自分の仕事やキャリアにおいて難しい選択を迫られた時にも、ブレることがなくなります。

実際、私自身、これまでのキャリアを振り返ると、ライフコンセプトを明確にし、多くの人たち

と共有してきたからこそ、積み上げられてきたものだと感じています。

そのうえで、今後のキャリアの方向性については複数のアイデアを持っています。

一つの方向性として、日本のモノづくりの技術の高さやクラフトマンシップ、日本文化のカッコ良さといったものを伝えることを通じて、「ジャパンブランド」の素晴らしさをアメリカに広げていくことに関心があります。

その舞台として、東京２０２０オリンピックの次に来る２０２４年の大会も意識しています。

私自身がこれまでに日本コカ・コーラで得てきたオリンピックにおけるパートナーシップのノウハウを活かして、アメリカで実績をつくりたい。その仕事を通じてジャパニーズブランドを世界に伝えていきたいのです。２０１７年9月のＩＯＣ総会で、開催地がロサンゼルスに決定した場合に限りますが（笑）。自分がカリフォルニア州のサンディエゴ生まれだということもあり、家族を連れて故郷に戻りたいという気持ちがあることも関係しています。

ただ、このアイデアは、仕事の拠点をアメリカに移すことを意味するので、家族の理解を得ることができなければ実現できないものです。

そこでもう一つのアイデアとして、今と同じように日本コカ・コーラでマーケティングの仕事をしながら、広報の仕事をやりたいと考えています。

これまでにも数多くの講演や取材を受けてきましたし、これからオリンピックを通じてさまざまなところに出ていき、日本コカ・コーラの顔になっていければと考えています。

この本を手に取っている方のなかには、スポーツの仕事に就きたいと考えている方も数多くいらっしゃることと思います。

そうした人たちに強く伝えたいことは、ライフコンセプトを掲げ、自分が10年後、20年後にどうなっていたいのか、何をやっていたいのかをイメージすることが非常に大事だということです。また、そこに向けてどういうステップを踏めば辿り着くことができるのか。人生を常に〝逆算〟で考えることも必要になるでしょう。

私自身、まず２０２０年までは、東京２０２０オリンピックを通じて世界中の人々に日本のことを発信していきたいと考えています。その間に何をすれば、先ほどの将来のキャリアプランを実現させることができるのかを考えています。

ビジネスマンとして、目の前の仕事で結果を残し、会社に貢献するのは当然のことです。ただ、そのうえでもう一つ大事なことは、その仕事を通じて何を得ていくかということです。未来からの〝逆算〟で必要な経験、スキル、人脈などの資産をどう培っていくのか。自分自身のキャリアのために必要なものは、貪欲に身に付けていってほしいと思います。

スポーツ業界には、日本のスポーツ界をもっと良くしたい、日本のスポーツをもっと豊かにしたいという志を持った人たちが数多く集まっています。それぞれに役割は違いますが、同じ志を持っているからこそ、自然と人が集まって来る。お互いがお互いを助け合って、皆で日本のスポーツを良くしていこうとしている。そこがスポーツ業界で仕事をすることの本当に素晴らしいところだなと感じています。

いつか皆さんとも一緒に、日本のスポーツを盛り上げていくことができれば、本当に嬉しい限りです。

［トップランナーの哲学］

スポーツマーケティングも、マーケティングであることに変わりはありません。1本でも多くのコカ・コーラ社製品を消費者に届けるために、より多くの人たちの共感を得て、コカ・コーラ社のブランドを愛してもらう。そこにこだわっていきたいと考えています。

秦英之

ニールセンスポーツ 代表取締役社長

「あれだけ愛していたアメフトをやめたことは、今でも自分にとっての原動力となっています」

はた・ひでゆき

1972年生まれ。明治大学卒。大学卒業後、ソニー株式会社で働く傍ら、アメリカンフットボール選手としてアサヒビールシルバースターで日本一を経験。同社に2012年まで在籍し、FIFAとのトップパートナーシップ等、全世界を束ねるグローバル戦略の構築を担当。2010年FIFAワールドカップをはじめ、数々のFIFA大会を絡めた活動を推進。現在はワールドワイドで展開するスポーツデータリサーチ会社であるニールセンスポーツの日本法人の代表として、スポーツスポンサーシップに対する投資価値を同社独自の方法で評価・測定。Jリーグマーケティング委員も務めている。

Hideyuki 'Andy' Hata
×
Sports Data Research

2020年に向けて、大きな盛り上がりを見せているスポーツスポンサーシップ。看板やユニフォームに自社のロゴを掲出するだけという時代は終わり、投資に対する明確なリターンを求められるようになった。

世界最大手のリサーチ会社ニールセンスポーツの代表取締役社長、秦英之氏は日本はまだまだこの分野において後れを取っていると話す。日本のスポーツマーケティングの第一人者が語る、スポンサーシップのあるべき姿とはいったい何か——？

［現在に至るまで］

スポーツが文化や価値観を超える懸け橋となってくれた

私の人生は、いつだってスポーツと隣り合わせにありました。スポーツが私を成長させてくれ、新たな価値観をもたらしてくれたといえるでしょう。

スポーツ界への恩返し。それが私の原動力となっています。

ベネズエラで生まれ、小学校からアメリカのフィラデルフィアで過ごしました。当時からアメリカではスポーツ文化が確立されていて、日常のなかには常にスポーツが存在していました。「する」スポーツと「見る」スポーツ、その両方のエンターテインメント性を子どものころから肌で感じられことが、今につながっているように思います。

中学校は日本に転校しました。やはりアメリカ人として育ってきたこともあり、自己主張が強かったので、なかなかクラスにうまくなじめませんでした。先生も扱いづらかったようで、例えば英語の授業の時には順番を飛ばされたりしました。流暢な英語で話すと先生の顔をつぶしてしまうということがわかり、わざと下手な発音で話すことも覚えました（笑）。

周りから孤立するなかで、転機はバスケットボール部に入ったことでした。最初はやはり溶け込めなかったのですが、バスケはそれなりにできたこともあったので、それをきっかけに仲間ができました。スポーツが文化や価値観を超える懸け橋となってくれるんだと実感しました。選抜にも選ばれるなど、充実した時間を過ごしました。

高校ではラグビー部に入ったのですが、2年の途中で再びアメリカに渡ることになりました。華やかな学園生活を思い描いていたのですが、現実は違いました。しばらく日本で過ごしていたためか、消極的なマインドになってしまっていたのです。小学校時代の仲間からも、「おい、どうしたんだ!?」と。アメリカでもなじめなくなっていた自分がいました。

アメリカンフットボール部に入りましたが、ここでも全員に無視されました。「小さいアジア人に何ができる?」、そんな風に思われていたように感じます。そこで最初の練習の時に、2メートルあるチームで一番大きい選手をタックルで倒したんです。すると仲間として認められた。あらためて、スポーツの人をつなぐ力はすごいなと感じました。高校時代は、アメリカンフットボールにすべてを懸けていました。

ところが高校3年の時に、自らのアイデンティティを顧みる出来事が起きました。湾岸戦争です。国中が自国への愛国心をかき立てられていたこの時期、自分はいったい何人なんだろうかと考えるようになったのです。海外にいると、いや応なしに自分が日本人であることを意識させられます。特にアメリカでは、それぞれが自分のルーツを大事にしています。「日本ってどんな国なんだ？」と常に聞かれる。だからこそ、日本に対する気持ちがより強くなっていくのです。

湾岸戦争が起きた時に、あらためて自分は本当に日本のことを理解しているのだろうかと疑問に思うようになり、日本の大学に進学することを決意しました。伝統校である明治大学で、アメリカンフットボールを通じて日本の文化を学ぼうと考えたのです。

4年の時には主務を任されました。いかにして組織を成長させることができるか、強い組織をつくることができるかという、リーダーとしての素質が問われる重要なポジションに就き、とてもワクワクしていました。ここで、今でも強く記憶に残り教訓となっている、非常に貴重な経験をしました。

この年、チームはシーズン開幕から好調でした。しかし優勝候補の日本大学との試合を前にして、監督から「2位狙いでいくから次の試合は捨てるぞ」と言われたのです。この年から2位でもプレーオフ進出が可能になったため、優勝候補との真っ向勝負を避け、次戦の日本体育大学との試合に照準を絞るという狙いでした。正直、「えっ⁉」と思いました。実は明治大学は1年生の時に2部リーグに降格し、翌年1部に昇格したものの、3年生の時はギリギリでの1部残留。ただこのシーズンのチームには手応えを感じていたので、真っ向から戦いたいという思いがあったのです。結局、監督の指示に従うことにしたのですが、その意図をチーム全体にうまく伝えきることができず、中途半端なプレーをしてしまったことで怪我人が続出してしまったのです。結果的に3位でシーズンを終えることになりました。

後になって聞いた話ですが、過去に優勝してきたような代では、自分自身が納得できなければ、たとえ監督の言うことであっても自分の意見を主張していたそうです。あの時の自分は、勝負に対するこだわり、優勝したいという気持ちが足りず、妥協してしまった。努力を怠れば、結果を出すことはできない。マネジメントがいかに重要かを痛感した経験でした。

ここまで努力すれば優勝することができると身をもって体験した

大学を卒業して母校のコーチを1年間務めてから、2年目で国内屈指の名門で憧れだった社会人クラブチーム、アサヒビールシルバースターに加入しました。選手は皆、本業の仕事を持って、週に4回集まって練習していました。とにかく選手たちの意識が高く、自分が好きでプレーしているのだから、自分の責任のもとで練習して結果を出すのが当然だという雰囲気が溢れていました。

1年目はとにかく食らい付いていくのに必死で、2年目には足首を骨折したこともあり、ほとんど試合に出られませんでした。3年目を前にして、正直、引退も頭をよぎりました。ですが、「子どものころから大好きだったスポーツをこれで終わらせてしまっていいのか、やっぱり嫌だ」と思うようになった。そこで、自分が2年目のシーズンに何をしてきたのか、365日を全部書き出すことから始めたのです。

すると、自分がどれだけサボっていたかに気が付きました。仕事が忙しいことを言い訳にしてトレーニングを怠っていたり、仕事の付き合いでお酒を飲んでいたり……。これでは戦力として認めてもらえなくて当たり前だなと。そこで、自分に足りないものは何かを洗い出して目標をしっかりと明確にし、そこに向けてやるべきことを逆算してプランニングし、徹底的に甘えを排除してトレーニングに取り組んだのです。こうして3年目のシーズンを迎えると、目に見えて結果が出るようになったのです。戦力として認められるようになり、チームも日本一に輝くことができました。

この経験は、私のなかにあったリミッターを外してくれた気がします。「ここまで努力すれば優勝することができる」、逆の見方をすれば、「ここまで努力しないと優勝することはできない」。大学時代に悔しい思いをしていましたから、自分のやるべきことを戦略的に、ストイックに取り組んで結果を出せたことは、一生の財産になっています。

これは、経営者としての今の自分に対しても、決して忘れてはならない教訓として胸に刻んでいます。

またその傍ら、大学卒業後に入社したソニーでは、リチウムイオン電池の部署に配属されていました。リチウムイオン電池は携帯電話やパソコンに内蔵されているもので、ソニーブランドとして表に出るような類いの製品ではありません。ですが、開発に携わっていたエンジニアの人たちはみんな、仕事に対して誇りを持って向き合っていました。その姿を見た時、自分もこれだけの思いを持って仕事と向き合うべきだと感じたのです。私にとってそれだけの思いで向き合えるもの……、それはやはりスポーツでした。

シルバースターで日本一を決めたライスボウルでは、スタジアムがガラガラだったことをよく覚えています。子どものころにアメリカで見てきた光景とはまるで違いました。あれは本当にショックでした。あの時に、一選手としてではなく、裏方に回って新しい仕組みを構築することで、スポーツを産業として発展させていきたいと考えるようになりました。自分はこれまでにスポーツから多くのものをもらってきた。その恩返しをしていこう、と。

ある先輩には、「そんなにスポーツが好きだという気持ちが強いんだったら、むしろやらないほうがいいぞ」とアドバイスされました。これは、「そう言われたところで、絶対に自分がやるんだという気持ちが無いと通用しない。それだけの覚悟を持ってやれよ」というメッセージだったのです。この言葉は今でもとても大事にしています。

アメリカンフットボールの選手としてのキャリアは、３年目で終えました。正直な話をすると、もう1年やりたかった思いもあります。いまだに夢に出てくるぐらいですから。でも、だからこそ、それだけの思いを持ってアメリカンフットボールをやめたことは、自分にとっての原動力となっています。どんなに苦しい時でも、「あれだけ愛していたものをやめてまでもやりたかったことだったんじゃないのか」と自分に問いかけ続けるのです。これは、スポーツを愛してやってきた自分だからこその、誰にも負けないスイッチになっています。

その後、米国ソニーへと転籍しました。ここで世界最大のマーケットでソニーブランドを販売するノウハウを身に付けてきたのですが、もう一つ、非常に大きな経験をしました。アリーナフットボール（屋内版アメリカンフットボール）の日米交流戦が開催されるということで、ボランティアではありましたが、そのプロモーターを任せてもらう機会に恵まれたのです。

開催地のサンディエゴは戦前から多くの日本人が住んでいたということもあり、日米文化交流をテーマとし、〝ジャパンフェスタ〟と名付けてプロモーションを行いました。アリーナの通路には歴史、芸術、食、娯楽といったテーマを設け、それに合った日本企業のブースを構え、ソニーが開発した二足歩行ロボット「ＱＲＩＯ（キュリオ）」も展示しました。

エンターテインメント性を演出しながら、スポンサー企業のメリットも追求していく。最終的には５０００人を動員し、興行としても一定の成果を出すことができました。何よりも自分がこれまで思い描いていたスポーツビジネスの形を体現することができたことは、大きな自信となりました。

また同時に、本業の片手間でやるのは限界があると感じ、独立を考え始めるようになっていました。

しかしそんなさなか、ある一本の電話により、独立を思いとどまります。ソニーがＦＩＦＡとパートナー契約を結んだということで、グローバル広告戦略に携わってみないかというものでした。サッカーは世界中で人気のあるスポーツですし、私がそれまでに出会ったサッカー関係者の人たちはみんなダイナミックで魅力的な人たちばかりでした。当時の私は日本とアメリカしか知りませんでしたし、これだけの大きなチャンスはそうあるものではないと考え、引き受けることにしました。

日本のスポーツ界には〝数的根拠〟が欠けていると感じた

ミッションは、４年後の２０１０年ＦＩＦＡワールドカップ・南アフリカ大会に向けて、スポンサーシップの権利を最大限に活用することでした。

全くの白紙からのスタートだったので、最初は「さあ、どうしましょうか」という状態でした。まずはスポンサーシップを行っている企業の事例を分析することから始めていきました。そこでわかったことは、成功している企業に共通しているのは、シルバースター時代に自分が実践していたことと同じだということです。

1. 目的が明確化されている
2. 時間をかけて有効活用している
3. 逆算して戦略を組み立てる

そこで、2007年にプランニングを開始し、2010年までに徹底的に蓄積価値を高めていきました。FIFAとのパートナーシップには、FIFAワールドカップだけではなく、FIFA U－17ワールドカップ、FIFA U－20ワールドカップ、FIFAクラブワールドカップ、FIFAフットサルワールドカップ、FIFAビーチサッカーワールドカップ、FIFAインタラクティブワールドカップ（サッカーゲーム「FIFAシリーズ」の国際大会）などの権利も含まれていましたので、これらの大会でテストを繰り返して、2010年に最大限の成果を得られるよう準備していったのです。

ソニーでは、3Dテレビを2010年FIFAワールドカップに合わせて発売することを決めていました。そこで各大会に足を運んで3D映像を撮影して、3Dテレビの発売時のプロモーションに活用したり、大会期間中にも世界中のパブリックビューイングで3D映像を流すことで、その迫力を体験してもらおうと考えたわけです。

治安に対する不安や、仕事の都合で現地での観戦を諦めたという人たちにも、臨場感溢れる映像とともに現地の熱狂や感動を体験してもらうことで、3Dテレビやソニーの技術力を広く認知してもらうことができたと思います。

こうしたアクティベーションの仕組みづくりに携われたことは、非常に素晴らしい経験となりました。これだけの経験をもっと世の中に広めていくことが、スポーツ界への恩返しになるのではないかと考え、ソニーを辞める決意を固めました。

独立してからはしばらくスポーツビジネスのコンサルタントとして活動した後に、レピュコムジャパン（現ニールセンスポーツ）の代表取締役社長のオファーを頂戴しました。

レピュコムはスポーツマーケティングの分野における情報収集や分析、戦略化を実現するスポーツ専門のコンサルティング企業です。世界20カ国以上に拠点を持っていて、世界中のクラブ・リーグ・協会、トップブランドの企業、広告代理店、メディアなどにデータ提供していて、スポーツ業界の分析領域においてはグローバルリーダーというポジションを確立している会社でした。

これまでの自分の経験から、日本のスポーツ界には〝数的根拠〟が欠けているのではないかと感じていました。企業がスポーツのスポンサーシップにお金を出すというのは、投資に他なりません。投資に対してリターンを求めることはビジネス界において当然のことであるにもかかわらず、スポーツ界においてはリターンを測定する客観的な指標である〝数的根拠〟が曖昧だったのです。これでは企業もなかなかスポーツにお金を出しづらいわけです。明確で可視化されたマーケティングデータがあれば、もっとスポーツに対する投資が促進され、資金が流動化するのではないか。そう考えて、レピュコムのオファーを受けることにしました。

［スポーツビジネスの最前線］

スポンサーシップの価値を可視化することが投資を促進させる

〝数的根拠〟と言ってきましたが、具体的にはいったい何を数値化するのか。

スポーツのスポンサーシップには、大きく2つの領域があります。一つは「メディア露出」、もう一つは「ブランドエンゲージメント」です。

「メディア露出」はテレビ、ラジオ、紙媒体、オンライン、SNSなどのあらゆるメディア上で、スポンサー企業のブランドをいかに多く露出できたかを数値化したものです。そして、ブランドを露出した後、実際にそのブランドが市場に対してどのように訴求しているかを数値化したものが「ブランドエンゲージメント」です。

こうした2つの領域を測定し数値化することで、明確で客観的な基準をつくることができる、つまりスポンサーシップの価値が可視化されるわけです。価値がわかるようになることで、良いものには投資が増えますし、悪いものは改善ができるようになるのです。

こうした考え方のもとで、レピュコムでは独自にメディア露出価値を自動認証するシステムを開発しました。

それまでテレビにおける露出価値は、媒体の広告単価と露出時間を掛け合わせて算出していました。ですが、テレビCMの場合は、音楽が流れていて、タレントが出演していて、ストーリーがあるのに対し、スポーツではブランドロゴが画面上に映し出されているだけです。果たしてこの両者に同等の露出価値があるかというと、決してそうではありません。

そこで「積み上げ方式」という考え方を採用して、スポーツにおける露出価値を算出したのです。具体的には、ブランドロゴが画面上に映し出される位置、大きさ、回数、時間という4つの指標を基軸として積み上げていき、最終的に広告単価を掛け合わせたものを露出価値としたのです。事前にシステムにブランドロゴを登録しておけば、自動認証技術によってテレビ画面上に映し出される全ブランドの露出価値を算出してくれるのです。

これによって、例えばどこに置いた看板にはどれくらいの露出価値があるのか、それまでは推計でしかなかったものが、客観的な指標によって可視化されるようになりました。

また、それまでリサーチを依頼した場合、対象とする試合やブランドが増えれば増えるほど、コストがかっていました。そうなると、限られた予算のなかで取得した、限られたデータをもとに推測しなければなりません。

しかしレピュコムでは、インドで自動認証技術を用いたシステムを使って全試合・全ブランドのメディア露出価値を算出し、そのすべてをシンジゲートデータ（提供元と契約したクライアントにのみ提供されるデータ）として定額料金で提供することにしたのです。

調査コストが格段に安くなったうえに、手に入るデータは飛躍的に増えるようになったことで、一気に世界中で普及するようになりました。今やほとんどのスポーツ団体で採用されているといっても過言ではありません。

もう一つの「ブランドエンゲージメント」についても同じ発想です。ブランドに対する認知度や好感度、信頼度といったイメージについて、全世界45カ国以上、年2回、1000人ベースで市場調査を行っています。この調査データもやはりシンジゲートデータとして定額料金で提供しているのです。

またシンジゲートデータだけではカバーできない場合には、必要に応じてカスタムでの調査も実施し、クライアントへと提供しています。

こうして良質のデータが安価な値段で提供されるようになったことで、客観的な数値をもとにして、スポンサーシップの価値を計測できるようになったという意味では、スポーツ界において非常に大きな転換期になったといえるでしょう。

このような数値をもとにしたスポンサーシップの価値換算は、私がレピュコムジャパンの社長に就任した2013年ごろには、すでに海外ではかなり流通していました。

ですので、日本でもやはりこうした考え方を普及させ、確固とした仕組みをつくっていくことをミッションに掲げています。数的根拠を持ってビジネス判断ができるようになれば、スポーツ界に対する企業からの投資は促進されるようになり、資金が流動化するようになります。スポーツ界の発展には、こうしたことが必要不可欠だと考えています。

目的を明確化することがスポンサーシップにおける最初のステップ

スポンサーシップのリターンを最大化するうえでは、先ほどもお話したように、目的が明確化されていることが非常に重要です。日本スポーツ界のスポンサーシップは、ここが一番弱いのではないかと感じています。

目的が曖昧なまま始め、なんとなく資金を投入し、結果として、「あれ、何のためにやってきたんだっけ？」と言って終わってしまう。目的が明確でなければ、当然、評価をすることもできませんので、良かったのか悪かったのかもわからず、結局「あまり意味が無かったよね」といって手を引くことになる。このような結果に終わることは、スポンサー企業にとってもスポーツ団体にとっても不幸なことだといえるでしょう。残念ながらこうした悪い事例が数多くあることは否定できません。

私たちは目的を具現化していくためのツールを提供していますので、まずは目的をしっかりと定めていくことが必要になります。

スポンサーシップを行う目的は、大きくは次の5つに分類することができます。

1．ブランドの認知度やイメージの向上
2．売り上げ

3. ホスピタリティ
4. 社会貢献
5. インナーマーケティング（社内に向けた意識改革や社員教育など）

これら5つの目的は、企業によって複合的に絡み合ってくると思いますし、状況によって常に変わっていくものになります。

例えば、アメリカの保険関連企業であるエーオン（Aon）は、2010-2011シーズンからマンチェスター・ユナイテッドの胸スポンサーとなっていました。最大の目的は、ブランド認知の向上です。今やプレミアリーグはテレビを通じて世界中で放映されており、そのなかでもマンチェスター・ユナイテッドは「世界で最も人気のあるスポーツクラブ」と評価されるなど特に人気があります。その胸スポンサーになることは、世界中のマンチェスター・ユナイテッドファンに対してエーオンのブランド認知を最も効率的に図ることができるのです。

しかし、同社は2013-2014シーズンをもって胸スポンサーから降ります（現在はトレーニングウェア）。これは決して金額的な面で折り合いがつかなくなったわけではなく、エーオンが意図的に降りたのです。これはどういうことかというと、胸スポンサーだった4シーズンで十分にブランド認知を図れたため、そこにいつまでも多額の資金を投資していても意味が無いと判断したわけです。

次のステップとして、胸スポンサーを降りることで生まれた余剰資金を、売り上げに直結する形で投資することにしています。具体的には、チーム全員のライフプランニング・プログラムを実施し、その告知をする権利へと切り替えたのです。エーオンが実際に売り出したいライフプランニング・プログラムという商品を、人気のあるマンチェスター・ユナイテッドの選手に対するプログラムを通して訴求することで、売り上げ増を図ろうとしています。

このように、自分たちの目的に対して最も適した手段となるスポンサーシップを選択し、その権利を最大活用するための戦略を立てることで、目的を達成しようとしていることがわかると思います。

目的を明確化すること、それこそがスポンサーシップにおいて非常に重要な最初のステップなのです。

海外マーケットへ向けたSNSの活用は大きな意義がある

今や私たちの生活に欠かすことのできなくなったSNSですが、昨今、特に海外においてスポンサーシップへの活用が進んでいます。

この背景にはミレニアル世代の台頭があります。ミレニアル世代とは、狭義にはアメリカで

1980年代から2000年代初頭までに生まれた世代を指し、今や同国人口の25パーセント超を占め、消費支出は21パーセントにも上ります。人口においてはすでにベビーブーマー世代（第2次世界大戦後のベビーブームに生まれた世代）を抜き、5年後には購買力でも上回るといわれているのです。

この世代の特徴として、インターネットが普及した環境で育ったいわゆるデジタルネイティブであることが挙げられます。SNSを通じてスポーツ団体や企業との接点をつくり、情報取集することを当たり前のように捉え、口コミをよく活用しています。好感を持っているブランドに対する忠誠心が強く、5人中4人は、社会貢献している企業の商品・サービスを積極的に購入するという調査結果も出ているのです。

これはアメリカに限らず世界的に同様の傾向が見られます。今後、ますます購買力が高まるであろうこの世代へと訴求するうえで、SNSが有用なツールだといえるでしょう。

SNSの最大の特徴は、既存メディアだけでは到達できない層へとリーチすることが可能で、親近感や拡散力に関しては群を抜いています。

例えば、テレビの場合は放送枠や看板を買う必要がありますし、そもそもサッカーの場合は週に1〜2試合しかありません。そのなかでブランド価値を露出し、ファンとのエンゲージメントにつながなければなりません。しかしSNSの場合、自前で露出することが可能になったわけです。

例えば、2014年FIFAワールドカップ・ブラジル大会のメキシコ代表戦のウォーミングアップ中に、マンチェスター・ユナイテッドは当時所属していたハビエル・エルナンデス選手のおしゃれにデザインされた写真を、応援メッセージとともにフェイスブックに投稿しました。マンチェスター・ユナイテッドのフェイスブックにはもともと数多くのメキシコ人ファンが「いいね！」していたこともあり、非常に数多く拡散されました。

一方通行の既存メディアと異なり、ファンとダイレクトにつながっていることから、どんな発信をすれば喜んでもらえるのかを分析できるようになりました。ファンにとって価値の高いコンテンツを発信すれば、ファンがものすごく拡散してくれて、さらに新規のファンを獲得することも可能になったのです。

しかも、同じプラットフォーム上で世界中とつながっているので、その母数はテレビやウェブといった従来のメディアとは比較になりません。例えば、クリスティアーノ・ロナウドのフェイスブックの「いいね！」数は1億2000万を超えており、日本の人口とほぼ同数です。

現実問題として、今後日本の人口は減少していくと見られているわけですから、日本市場だけをターゲットに考えていてはいけないと思います。アジアなどの海外マーケットに目を向け、SNSを活用していくことには大きな意義があるでしょう。

私たちでは、スポンサーシップにおけるSNSの活用についても、メディア露出の拡大とブランドエンゲージメントの強化を支援しています。既存の枠組みを超えて、スポンサーシップの価値をさらに高めていくことができるツールですので、今後も力を入れていきたいと考えています。

［見据える未来］

レピュコムとニールセンのシナジー効果に感じる手応え

２０１６年６月、レピュコムは世界最大手のリサーチ会社であるニールセンの買収を受け、新たにニールセンスポーツとして生まれ変わりました。

レピュコムはベンチャー企業からスタートして最初の10年で、世界中を舞台に急成長を遂げてきました。次の10年を見据えた時、レピュコムの持つスポーツ分野におけるグローバルでのマーケティングリサーチのノウハウやポジションと、ニールセンの持つ素晴らしいインフラ、豊富な人材リソースや育成、技術力、研究への投資など、それぞれの強みがシナジー効果を生み出すことで、さらに飛躍的な成長を果たせるといった手応えを感じています。

日本のスポーツ界は、かつてない大きな変化の時代を迎えようとしています。２０１９年にラグビーワールドカップ、２０２０年に東京オリンピック・パラリンピック、２０２１年に関西ワールドマスターズゲームズといった世界的な国際スポーツ大会が3年連続日本で開催されますし、２０１８年には韓国・平昌で、２０２２年には中国・北京で冬季オリンピック・パラリンピックが行われます。日本や東アジアに対して世界中から注目が集まり、人やお金の動きもかつてないほど活発化するでしょう。また、市場はますますデジタル化になっていくなかで、ＪリーグやＢリーグに代表されるように、放映権市場がOTT（インターネット回線を通じて提供される動画や音声などのコンテンツ）事業へと大きくシフトしようとしています。

時代が大きく変わっていくなかで、市場を測る物差しもまた変化させていく必要があります。こうしたノウハウはニールセンの強みでもありますので、それをスポーツに最適化させていくという意味においても、統合のタイミングとしてはベストだったのではないかと思います。

ニールセンスポーツとなっても、スポンサーシップに対する基本的な考え方はレピュコム時代と変わることはありません。ただそのやり方については、ニールセンの持っているノウハウや技術力と合わせることで、さらに進化させることができるという意味で、大きく期待できるのではないかと考えています。

具体的な動きとしては、２０１７年1月に米国ニールセンと株式会社ビデオリサーチがデジタル領域で資本・業務提携を結びました。これは、日本市場におけるパソコンやモバイル端末でのコンテンツや動画を含めた広告の視聴に関する測定指標の整備や標準化に取り組んでいく他、広告効果測定事業を強化していくことでインターネットメディア・広告市場を活性化させていくことを目的としています。

これまで以上に精緻にメディア露出価値、広告価値を測定できるようになりますので、当然スポーツのスポンサーシップにおいても大きなインパクトがある展開となるでしょう。

他にも、例えば、最近ではプロ野球でもBリーグでも、マッチデースポンサーの人気が高まっています。直接的価値といわれるような、来場した人に対する露出価値を計測して積み上げていくというやり方は、これまでにもやってきた通りです。

しかしマッチデースポンサーには、この他にもその試合における独占的な体験価値があります。例えば、野球の始球式のように何万もの人の前に出て行けること、選手と直接触れ合えてサイン入りユニフォームを手渡してもらえること、スイートルームで過ごす時間。

こうした体験価値は非常に希少で貴重であるにもかかわらず、これまで可視化できていませんでした。これらを数値化して直接価値に加算する仕組みができれば、マッチデースポンサーの投資に対するリターンをはっきりと示せるようになるのではないかと考えています。

こうした新たな測定指標の開発を含め、スポンサーシップの価値を最大化していくための仕組みづくりには、これからもこだわりをもって取り組んでいきたいと思います。

日本を飛び越えて世界に羽ばたくきっかけをつくりたい

個人的な将来の夢は、〝スポーツ外交〟です。

自分自身、スポーツには国境や人種を超えて人と人をつなぐ懸け橋としての力があることを体験してきました。だからこそ、スポーツを起点とした地域交流、国際交流には大きな可能性があると感じています。人と人の交流だけではなく、最終的には産業を誘致し合えるような仕組みを構築することで、日本という枠を超えて、世界に羽ばたくようなきっかけをつくっていければと考えています。

例えば、秋田にはBリーグの秋田ノーザンハピネッツという素晴らしいチームがあります。毎試合満員となるアリーナには、ものすごい熱狂が渦巻いています。あの素晴らしい雰囲気を、秋田だけに、日本だけに閉じてしまっていて、果たしていいのだろうかと。地方都市でありながら、バスケットボールに対する熱い情熱を持っているという意味では、例えばアメリカのインディアナ州と似ているかもしれません。であれば、バスケを起点として、人や文化、産業の交流を図ることができるのではないかと思うわけです。

まさに、サンディエゴでやったアリーナフットボールの日米交流戦が、その原点といえるのかもしれません。

日本のチームにやって来る外国籍選手にもまた、交流の起点になってもらえるのではないかと考えています。彼らこそ、日本をPRしてくれる大使のような存在になり得るわけです。たとえ世界的、全国的には有名ではない選手だとしても、きっと育ってきた地元では〝おらが街のヒーロー〟に違いありません。こうした選手をもっともっと大事にして、街と街、地域と地域をつなぐストーリーの象徴的な存在となってもらうことができれば、街や地域はもちろん、その選手にとっても大きな財産となるのではないでしょうか。

そのために、例えば外国籍選手の選手会や、選手やその家族・友人が安心して集まることのできるコミュニティの場をつくるというのもいいかもしれません。
今や国単位で語る時代は終わりました。スポーツを起点として、もっとさまざまな側面から交流を促進できるような仕組みをつくり、それを将来的な自分のライフワークにすることができればと思っています
最後に、これからスポーツ業界で仕事をしたい、あるいはすでに働いているという方に向けて、私が大切にしている4つの「P」をお伝えしたいと思います。

「Pure（純粋）」
「Passion（情熱）」
「Positive（ポジティブ・前向き）」
「Pride（プライド・誇り）」

この4つの「P」の精神を持つことが、スポーツ業界の発展に貢献していくうえでとても大事なことだと思います。
スポーツには、他には無い素晴らしい力があります。私自身、スポーツを通じて本当に多くの大切なことを学び、得てきました。こうした経験を継承していくことで、次の世代のスポーツビジネ

ス人材を育成していきたい。
私の原動力となっている、〝スポーツ界への恩返し〟。これからも、そのためになることであれば、どんなことでもやっていきたいですね。

［トップランナーの哲学］

数的根拠を持ってビジネス判断ができるようになれば、スポーツ界に対する企業からの投資は促進されるようになり、資金が流動化するようになります。スポーツ界の発展には、こうしたことが必要不可欠だと考えています。

上林功

スポーツファシリティ研究所 代表

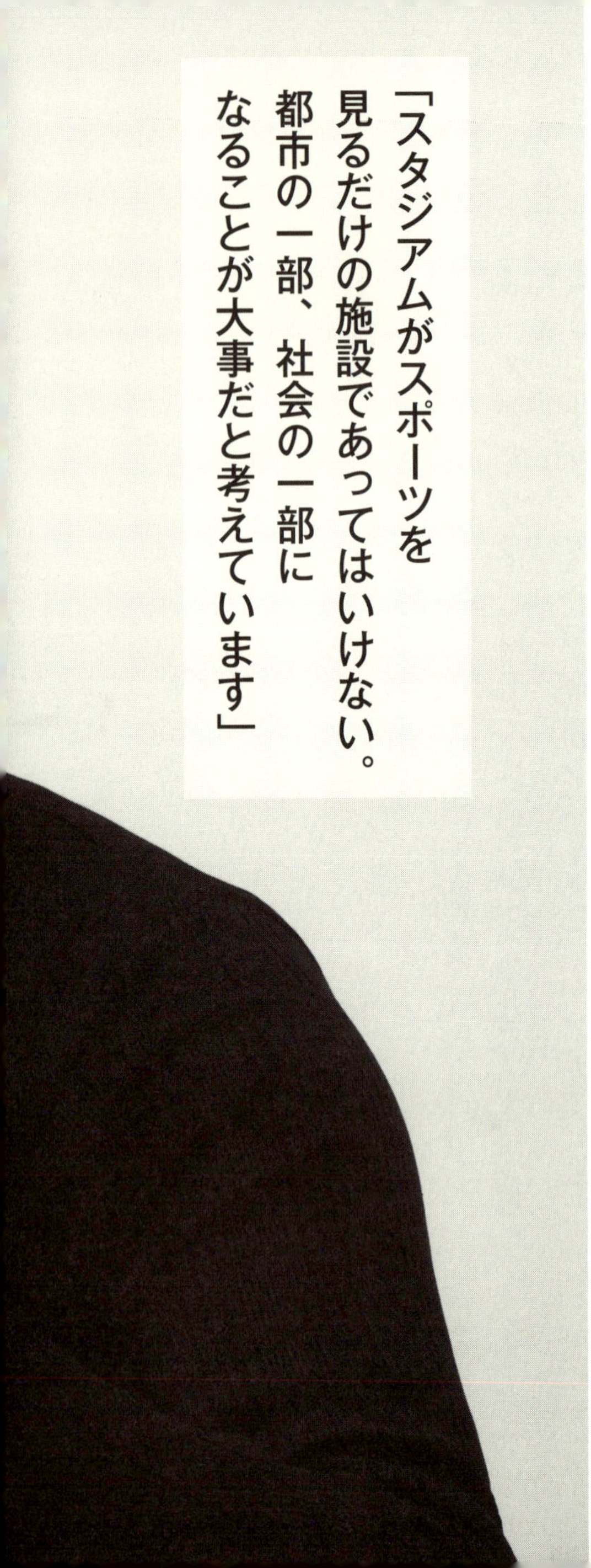

「スタジアムがスポーツを見るだけの施設であってはいけない。都市の一部、社会の一部になることが大事だと考えています」

うえばやし・いさお
1978年11月生まれ、兵庫県神戸市出身。京都工芸繊維大学大学院工芸科学研究科修了、修士（工学）。早稲田大学大学院スポーツ科学研究科修了、博士（スポーツ科学）Ph.D.。建築家の仙田満に師事し、環境デザイン研究所にて主にスポーツ施設の設計・監理を担当。主な担当作品として「兵庫県立尼崎スポーツの森水泳場」「広島市民球場（Mazda Zoom-Zoom スタジアム広島）」など。2014年に株式会社スポーツファシリティ研究所設立。江戸川大学経営社会学科非常勤講師、平成国際大学スポーツ健康科学科非常勤講師。主な研究内容「スポーツ消費者行動とスタジアム観客席の構造」「スポーツファシリティマネジメント」。日本政策投資銀行スマートベニュー研究会委員、スポーツ庁 スタジアム・アリーナ改革推進のための施設ガイドライン作成ワーキンググループメンバー、経済産業省 魅力あるスタジアム・アリーナを核としたまちづくりに関する計画策定等事業選定委員。日本サッカー協会ナショナルフットボールセンター準備室ファシリティ&ボールパーク創生アドバイザー。超人スポーツ協会事務局長代理。

Isao Uebayashi
×
Sports Facility

2009年にオープンした広島東洋カープの新本拠地、マツダスタジアム。ゲートをくぐれば目の前に広がる異空間に誰もが魅せられるこのスタジアムは、日本のこれまでのスタジアムの概念を覆すようなアプローチによってつくられた。

同スタジアムの設計担当者として関わったスポーツファシリティ研究所代表取締役の上林功氏が、スポーツビジネスの根幹を成すとして昨今大きな注目を浴びているスタジアム建設の未来のヒントを明かす——。

[現在に至るまで]

高校の時に被災した阪神・淡路大震災が原点

1995年1月に発生した、阪神・淡路大震災——。

建築を志すようになったきっかけは、高校1年生時に被災した時の経験からでした。

神戸市で生まれ育った私にとって、例えば阪急会館（神戸阪急ビル東館）のような近代的・伝統的な建築が全部つぶれてしまったことに、非常に大きなショックを受けたことを覚えています。街の機能を復活させることが最優先だったため仕方ないことではあったのですが、その後にできた建物、例えば倒壊した駅が簡易な材料ですぐに建て直されたのを見て、さすがにこれは仮設だろうなと思っていたら、そのままずっと使われ続けたことに愕然としたこともありました。

ただそんななか、震災から2年2カ月が経ち、損壊していた大丸神戸店が復興オープンしました。神戸の旧居留地にふさわしい立派な建築としてよみがえり、本当に涙が出るほど嬉しかったです。

震災を通じて、自分自身が建物に一喜一憂し、建物の持つ力をまざまざと感じたことから、建築の世界に進むことを決めました。

また被災した1995年と翌1996年、仰木彬監督やイチロー選手が在籍していた当時のオリックス・ブルーウェーブが、リーグ2連覇（1996年は日本一）を成し遂げました。これにどれだけ励まされたことでしょうか。スポーツの持つ力を肌で感じることができました。

今にして思えば、あのころスタジアムに応援しに行っていたこともまた、現在の仕事につながっているような気がします。

その後、京都工芸繊維大学へと進学し、大学院を含めて6年間、建築について学びました。

ひたすら建築課題の設計をしては、大学の先生の前でその設計案について説明する。1カ月に1本くらいのペースで、こうした演習を続けていました。

大学時代の恩師は、学生に対して、「君は自分の母親に対してもそんな説明をするのか？」といったことをよく言っていました。「自分の設計した建築の素晴らしさや考え方を、その専門ではない人が聞いても理解できるように説明しなさい。私たち建築家がつくっているものは、決して建築家のための建物ではなく、それを利用する人たちのための建物なんだ」と。

この考え方は、大学院卒業後に自分が働くことになる環境デザイン研究所の代表、仙田満先生の考え方に近いものがあり、今でも自分のベースになっています。

仙田先生との出会いは、大学院2年生だった2002年のことでした。仙田先生が設計をした京都アクアリーナ（京都市西京極総合運動公園内にある屋内プールやアイススケートリンクを備えた総合運動施設）が竣工したということで、京都で講演をされたことがありました。

当時から、仙田先生が盛んに言っていたのは、「建築というものは、ただ建物だけを設計していてはいけない。建築はもっと広がりを持つべきだ」ということでした。これまでは都市計画、建物、造園、遊具、サインなど、さまざまな領域がバラバラに設計されてきましたが、本来はこれらすべてを一気通貫してつなげて、環境全体の設計と調和を目指す〝環境デザイン〟が重要なんだ、と。

その後、この環境デザインの研究、設計、教育、社会活動に対する貢献が認められて、2013年に日本建築学会大賞を受賞されています。

私自身も当時学生ながら、こうした仙田先生の信念にとても感銘を受け、環境デザイン研究所へと入社することを決意したのです。

全員が同じ理想に向かうことが大事

入社して最初に担当した仕事は、上海にある市庁舎のコンペでした。ちょうど修士論文が終わってまもなく仙田先生から電話があって、東京に呼ばれたんです。「すぐにコンペに取り掛かって」、と（笑）。コンペには無事勝ったのですが、新人ということもあって、その案件は他の方が引き継ぐことになりました。

その次に担当したのが、兵庫県にある尼崎スポーツの森です。ここで初めてスポーツの案件に携わることになりました。その理由について、仙田先生は「体格がいいから」と冗談交じりに言っていました（笑）。

実は私、小学生のころから高校卒業まで格闘技をやっていて、空手と柔道に関しては段持ちでした。父は柔道、母は合気道という格闘技一家で、今でもとてもかないませんね。

今思えば、実はこれはステークホルダーとの調整役として、効果があったんじゃないかと思います。例えば幼稚園の設計の場合、その一番の利用者である保育士の方が使いやすくなるように、保育士の方と話をしながら設計を進めていく必要があります。現状、保育士には女性が多いので、設計のスタッフに女性がいると話を引き出しやすくなるわけです。自分は体育会系で、体格もがっしりしているということもあって、スポーツ業界のステークホルダーから話を引き出しやすいだろう、との狙いがあったのかもしれません。

また、アスリートの方々と話をする際に、建築の専門的な話をするのではなく、かみ砕いて伝えることができるということも、評価してもらった点かもしれません。これは、大学時代の実習で身に付いたものだと思います。単純に、新人だったのでとりあえずやらせてみようと思っただけかもしれませんが（笑）。

尼崎スポーツの森の周辺地域にはもともと神戸製鋼所など複数の工場があったのですが、震災の被害によって閉鎖を余儀なくされた場所でした。

そこで県から、その跡地を緑地公園にしようという構想が立ち上がり、県民のためのスポーツ拠点というコンセプトのもとで、尼崎スポーツの森はつくられることになりました。

2006年の〝のじぎく兵庫国体〟の競泳会場としても使用されたのですが、「なぜだかわからないけど、優しい感じがする」と、親御さん方からの評判が良かったことが嬉しかったです。

なぜなら、設計コンセプトのなかに「安心と安全を心掛けよう」との考えが含まれていたからです。このため柱や壁の角という角を徹底して丸めるなど、あらゆる場所で安全性に配慮しました。

現場の職人は当初、角だろうが丸だろうが建物としては何も変わらないと言っていました。ですが、この施設には未就学児の小さな子どもも来る。これまでにも、小さな子どもが角にぶつかって怪我をしてしまったというデータもあった。「カッコ良くしたいとかの話じゃないんです。お子さん、お孫さんがこの施設に来た時に、決して怪我をするようなことのない施設にしたいので協力してほしい」という話をしながらつくり上げていきました。

設計者も、施工者も、運営者も、発注者も、全員が同じ理想に向かうことで、実際に建物の形となって表れ、それを利用者の方にも無意識に感じてもらえたんだと思います。こうしたことを実感できたという意味でも、非常に思い入れのある案件です。

その他にも、北京オリンピックの卓球競技場（優秀賞次点）や秋田県の国際教養大学図書館のプロポーザルコンペなどを手掛けて、「MAZDA Zoom-Zoom スタジアム広島（マツダスタジアム）」の設計に取り掛かることとなりました。

［スポーツビジネスの最前線］

マツダスタジアムは人の意欲を喚起させるスタジアム

マツダスタジアムは2009年のオープン以来、数多くのファンの方々に愛されてきました。初年度の観客動員数はそれまでの広島市民球場時代と比較して、約1・8倍となる187万人以上にもなりました。2016年には過去最高となる215万人以上が来場しました。

スタジアムを新設しても、こけら落としから数試合は観客動員が増加するものの、年間を通じて見ればあまり変わらず、1・2倍程度というのが従来の定説でした。これは、新しくなってきれいになったとしても、そこで行われる〝体験〟が進化していないからです。

マツダスタジアムは、スタジアム観戦の概念をまるっきり変えたとも評価されていますが、実際にこれだけの方が足を運んでくださっていることがそれを証明しているように思います。

よく仙田先生が使う言葉に、「意欲を喚起する建築」というものがあります。例えば、勉強したくてたまらない図書館、働きたくてたまらないオフィス、遊びたくてたまらない公園や遊具、など。

仙田先生はもともと公園や遊具の設計を数多くしてきていたこともあり、講師時代には、学生に遊具をつくらせて、実際に幼稚園に持って行かせて、子どもたちに遊んでもらうというワークショップをやっていたと聞きます。子どもというのは素直なもので、遊ばれる遊具と遊ばれない遊具がはっきりと分かれるそうです。この違いはいったい何なのかを研究されました。

すると、ある原理原則があることがわかったそうです。これを仙田先生は7原則によって構成される「遊環構造」と呼んでいます。子どもに限らず、人間の根源的な欲求はどこにあるのか。人がそこに集まらざるをえないくらい夢中になってしまうような建物とはどのような構造を持っているのか。この原則は科学館や博物館に取り入れられ、非常に多くの人たちが来場する建築設計実績を重ねて、マツダスタジアムにも導入されました。

遊環構造の7原則は次の通りです。

1．循環経路があること
2．その循環（道）が安全で変化に富んでいること
3．そのなかにシンボル性の高い空間、場があること
4．その循環に〝めまい〟を体験できる部分があること
5．近道（ショートカット）ができること
6．循環に広場が取り付いていること
7．全体がポーラス（多孔質）な空間で構成されていること

1つ目の、「循環経路があること」。

遊具に行き止まりがあると基本的に子どもはそちらの方向には行こうとしないそうです。終わりのない循環経路は、行動に制約をなくし、人の動きを促します。

マツダスタジアムは国内の野球スタジアムで唯一、持っているチケットの席種にかかわらず、ぐるっと1周できる幅広のコンコースを持っています。このメインコンコースは600メートルの長さがあり、スタジアムのあらゆる場所に行くことができます。また、メインコンコースのどこからでもグラウンドが見えるようになっているのが特徴です。このメインコンコースがマツダスタジアムの大きな背骨のようになっているのです。

2つ目の、「循環（道）が安全で変化に富んでいること」。

子どもは起伏があったり危険性を感じる場所を避けて、安全に動ける循環動線を見いだし、そこを基本として動くようになるようです。もちろん、それを踏まえたうえでどこかに寄り道したり、見誤って危険な経路を通って怪我をしてしまうことはありますが、そういった経験も踏まえて安全な経路を通るようになる。人間の根源的な本能でリスクを避けようとします。さらには、その循環経路が変化に富んでいることで、何度も繰り返し、通りたくなります。

マツダスタジアムの場合、3塁側にあるメインゲートから入ると、開放感のあるエントランスコンコースからグラウンドが見えます。ここからメインコンコースを反時計回りに進むと、幅12メートルのアーチによるトンネルがコンコースを覆い、その脇には売店が並んでいます。トンネルは真っすぐにつくると一様になってしまうので、歩けば景色が変化するようにカーブになっています。1塁側からトンネルを抜けると、一気に視界が広がります。バックスクリーン裏は緑のアーチ、レフト側まで進むと線路に沿って真っすぐ伸びるブリッジコンコースが続きます。ここは屋根も壁もなく完全に開けていて、右手には走っている電車が、左手にはグラウンドが見えるようになっています。このように、メインコンコースでは非常に変化に富んだ景色を見ながら、すべてフラットにつながっているので安全に歩くことができるようになっています。

3つ目の、「シンボル性の高い空間、場があること」。

よく遊ばれる遊具には、必ず象徴的な意味を持つ場所があるそうです。こうしたシンボルとなる場所を拠点やランドマークにして、人は動くようになります。

マツダスタジアムには、ライト側2階席にカープファンが熱狂的に応援する、まさにシンボルとなる席である「カープパフォーマンス」を設けています。あえて他の席とは切り離すような形に構成し、その上に照明塔が立ち、コンコース上のシンボルとして目立つ存在にしています。シンボルの役割として、「あそこに行ってみたいよね」という憧れを抱かせる誘発装置としての意味合いがあります。

4つ目の、「〝めまい〟を体験できる部分があること」。

〝遊び〟の研究者ロジェ・カイヨワが、遊びがおよぼす4つの働きの一つとして〝めまい（イリンクス）〟があると述べています。〝めまい〟というとわかりづらいですが、自分の感覚・知覚を揺るがすことで、その体験自体が遊びになるというものです。この〝めまい〟体験が遊環構造には必要であるといわれます。

具体的には、例えば先ほどの「カープパフォーマンス」は他の応援席とは切り離された、非常に高いところ設置されていますので、少し怖い、目がくらむような体験ができる。また、後ろに広告看板、横に反射板をつけることで音が密集するようにしているので、聴覚にも訴えかけるような設計となっています。

他にも、外野ライト側に「スポーツバー」という座席があります。スタンドの下にスリットが入っていて、半地下の空間にモグラのように潜ってフェンスの空いているところからグラウンドを見ることができるという、非常にマニアックな席です。この席からは、ライトの選手をお尻から眺めることができます（笑）。

普段の生活のなかにはない視点や感覚、非日常的な体験が極めて重要だと考えています。こうしたさまざまな知覚の揺らぎ、〝めまい〟体験ができる場所を意図的にちりばめて配置しています。

5つ目の、「近道（ショートカット）ができること」。

循環が1つの場合、動線のバリエーションも1つだけしかありません。ですが、近道を1本入れるだけで、動線のバリエーションは格段に増えます。

マツダスタジアムでは、実際にはメインコンコースの1周を近道できる経路は存在しませんが、寄り道ができるようにして動線のバリエーションを持たせるようにしています。階段やブリッジを至る所に設置しており、メインコンコース以外にもさまざまな経路を選択して歩き回ることができます。

6つ目の、「循環に広場が取り付いていること」。

循環を促す経路だけではなく、循環から離れて滞留できる広場がついていると、そこにとどまって遊ぶこともできますし、まとまった空間として活用することもできます。

マツダスタジアムの場合、プロムナードに接続する3塁側エントランスに非常に大きな広場があります。

小さな広場もいくつか設けていて、新しい座席として活用しています。例えば、ライト側後方の小さな広場にはバーベキューを楽しみながら観戦できる「びっくりテラス」をつくり、大人数でのパーティーを楽しめるように活用していますし、センター側後方には寝転がることもできるシート「寝ソベリア」をつくることで、小さな子どものいるファミリーが安心して観戦できるように活用しています。

最後、7つ目の、「全体がポーラス（多孔質）な空間で構成されていること」。

これは、内外をつなぐ穴が無数に空いている構造だという意味です。マツダスタジアムに実際に行ってみるとわかりますが、外側からはグラウンド全体は見えないまでも、その雰囲気は透けて見えるように設計しています。スタジアムという空間を閉じて、街のなかで独立した存在にしてしまうのではなく、オープンな建物にすることで、街のなかに溶け込み、都市への開放を促しています。

例えば、スタジアムのすぐ横に線路があり、新幹線も在来線も走っていますが、その列車の車窓からグラウンドの中をのぞき見ることができるようにしています。通勤帰りのサラリーマンの方が、試合の雰囲気をそこで一瞬、感じることができる。そこを過ぎると今度は、スタジアム外部に向けて設置した得点掲示板によって試合の状況がわかるようになっている。そして、広島駅に着く。「じゃあ、ちょっと寄っていこうかな」と思ってもらえるかもしれません。

また、レフト側外部にはただ見エリアも設けています。その名の通り、外壁に穴を空けてオープンにしているので、チケットを買わずに見ることができます。ただし、座席の一番後方からになるので、試合が始まってだんだんと座席が観客で埋まっていくと、何となくの雰囲気は感じられるものの、グラウンドの中は見えづらくなってきます。やっぱり中に入って見ようかなと思って横を向いたら、そこにはチケット売り場が設けられている。設計を担当した自分で言うのも何ですが、よくできているなと（笑）。

ただ見エリアの設置は、広島市や広島東洋カープの松田元《はじめ》オーナーの大英断のたまものでした。常識であれば、外からは閉ざして見えないようにしたくなるものですが、「見たい人はもっと良い席で見ようとするもの。むしろ、タダでもいいから見てもらえる場所をつくることが重要だ」と。そこで興味が湧けば、その後も来てくれます。そういった人たちをすくい上げられる場所を設けました。ただ見エリアはちょっとした公園のようなつくりになっています。市民が気軽に立ち寄れるようにするためです。

以上が、マツダスタジアムに盛り込んだ「遊環構造」の7原則となります。

単なるスタジアム以上の意味を与えられた存在になる

「遊環構造」はあくまでも、人の意欲を喚起させる構造を定義したものであって、意欲を喚起してからはどんな現象が起きるのかが重要です。

仙田先生は、子どもたちに愛されている遊具は、その後、どのような変化を見せていくのか調べています。これを「遊具構造における段階的発展」といい、機能的段階、技術的段階、社会的段階という3段階に分け、遊具の使われ方が発展して変化すると述べています。

例えば、滑り台で考えますと、最初の機能的段階では、子どもたちは、上る→滑る→戻る、という動作を繰り返します。あくまでも滑るための遊具です。そうやって遊んでいるうちに、その遊具をもっと面白く、もっと上手な自分なりの滑り方や、滑り方の工夫をするようになります。これが、技術的段階です。

ここまでは多くの遊具にも見られる傾向ですが、いわゆる名作と呼ばれる遊具は、次の社会的段階へと進みます。この段階まで来ると、滑り台を他の何か、例えば砦に見立てて遊ぶなど、もはや滑る機能はほぼ意味を成さなくなり、子どもたちの発想によって設計者の意図を超越した使い方をされ、新たな意味を与えられた遊具へと変化していきます。「遊環構造」は、この「遊具構造における段階的発展」を促進させる役割があるといいます。

遊具が遊具そのものの機能だけを有しているのではなく、それを使う人たちによって新たな価値がつくられていく発想です。そして、これはスタジアムも同じだと考えています。スタジアムがスタジアムとしての機能、野球を見るだけの施設であってはいけない。そこに住んでいる人たちによって、単なるスタジアム以上の意味が与えられる存在になること。スタジアムが都市の一部、社会の一部になることが大事だと考えています。

実際に、マツダスタジアムでは早くから、〝野球を見る〞以上の使い方がされています。例えば、試合の行われていない日には限定的ではありますがコンコースが一般公開されていますし、他にもマツダ株式会社がコンコースで新車の発表会をしたり、市内の市町村が名産品市場を開催したりと、広島市民にとってスポーツを軸にしたコミュニティ拠点になっています。これが、先ほどお話した社会的発展につながっていると考えています。

スタジアムをつくるというよりも、新しい一つの街の在り方をつくるということが重要だと考えています。その点においてマツダスタジアムは、これまでにあったスタジアムの概念を飛び越えたことによって、これだけ愛されるようになったと考えています。

［見据える未来］
ステークホルダー同士をつなぐ存在が必要

その後、日本女子体育大学の総合体育館などの設計を手掛け、2014年にスポーツファシリティ研究所を設立しました。これまで、いくつかのスポーツ施設の設計を担当してきたなかで、スポーツ業界に対するある問題意識が芽生えるようになったことが背景にあります。

スポーツビジネスには非常に多くのステークホルダーがいます。例えば、興行主であるプロスポーツチームのなかだけでも、実際にそこでプレーするアスリート、試合運営をサポートする人に、ファンをマネジメントする人もいます。ところが、スタジアムやアリーナなどのスポーツ施設を計画する際に、それぞれが蓄積したノウハウや経験、情報をお互いに共有できずに計画が進められていることに違和感を抱くようになりました。

例えば劇場を設計する時には、演出家の方に話を聞きます。演出家は非常に独特なノウハウを有していますので、それを設計に反映させるために、その専門性をかみ砕いて伝える劇場コンサルタントが必ず間に入ります。同様の理屈で、病院を設計する時には、医療コンサルタントが必ず間に入ります。それぞれ専門性にたけた人たちの手をつなぐ役割の人が必ずいるわけです。ところが、スポーツにはそうした役割を担うスポーツ施設コンサルタントが存在しません。

住宅を設計する際に、設計者は徹底的にその家族の理想とする生活を聞いて、その家族のためのオンリーワンの住宅をつくります。例えばその過程で家族の一員である犬のペスのことをうっかり忘れてしまっていたら、新しい住宅での生活のなかでペスは切り離された存在になってしまうかもしれません。

スポーツでは興行主であるスポーツチーム以外にも、アスリート、ファン、すべてのステークホルダーの持つ視点が無いと、同じスタジアムの中にいながら、まるでそこに見えない壁があるかのように、切り離された存在をつくってしまいます。他の建築では丁寧に気を配りながらつくられてきたにもかかわらず、今までのスポーツ施設は、こうした建築の本質が置き去りにされて計画されてきたように思います。

これは、建築側にスポーツビジネスの視点がないことに、一つの問題点があります。同時に、スポーツ側から自分たちの視点を強く発信するアプローチも足りていなかったこともあったのではないかと考えるようになりました。

こうした問題意識を感じたことが、スポーツファシリティ研究所を設立した背景にあります。すべてのステークホルダーが、理想やコンセプトを共有し、同じ方向に向かっていけるようにコンサルティングすること。スポーツ側の要件を具体的に建築側に落とし込めるように、「スポーツ×建築」の同時通訳者のような存在になりたいと考えて、コンサルタントという道を選んだのです。

超人スポーツという試みとハッカソンの効能

スポーツ施設のコンサルタントを始めてわかったことが、スポーツには本当に多くのステークホルダーがいて、まだまだつなぎ切れていない分野の人たちがいると感じています。

例えば、ロボット工学の人たちはスポーツと連携することで、人の動きをロボットに活かしたり、逆にロボットの技術をスポーツに持ち込みたいと考えているのですが、そこの間をつなぐ人が少ない現状があります。

建築から少し話がそれますが、こうした状況に対して私は今、超人スポーツ協会の事務局長代理としても活動しています。超人スポーツ協会では、昨今よく話題に上るVR（仮想現実）やAR（拡張現実）、またはロボティクス技術などの最新のテクノロジーを活用して、人間の身体能力や感覚を拡張する新領域のスポーツを開発しています。2016年には内閣官房による東京オリンピック・パラリンピック基本方針推進調査に係る機運醸成試行プロジェクトの一つとして選ばれました。

超人スポーツ協会ではこうした多種多様なステークホルダーを結び付ける方法としてハッカソンを開催しています。ハッカソンは〝ハック〟と〝マラソン〟を掛け合わせた新語で、参加者がアイデアを出し合う近年IT業界を中心によく行われているイベントです。例えば、〝スマホ〟などの新しい機器を開発したので、「〝スマホ〟をハックして新しい使い方を考えましょう」といった発想を、あえて普段〝スマホ〟を使わない人たちなども含めた多種多様な人を巻き込んで検討します。いわば先ほどお話しした「遊具構造における段階的発展」の社会的段階を意図的に起こすことで、全く新しいアイデアを生み出そうとするイベントといえるでしょう。超人スポーツ協会ではそのスポーツ版を定期的に開催しています。

ハッカソンを通じて、スポーツを「創る」という発想に立てば、世界からスポーツ弱者はなくなると考えています。テクノロジーによって弱者も強者も関係なく、水準を高めることができるからです。これは「する」スポーツに限らず、「見る」スポーツにおいても同様で、実際にスタジアムで感じられる体験を再現する観戦体験の拡張にも新しい提案に向けて取り組んでいます。年齢や性別、障がいの有無、能力、資格、得意不得意、場所にかかわらず、すべての人が等しくスポーツを楽しめる未来をつくることを目指しています。

工学系の技術者の人たちは普段、ほとんどの時間を開発に費やしていることが多いため、なかなか他の分野の人たちとのつながりが持てません。ただその分、非常に先鋭的な技術を開発しています。彼らとスポーツの間に入って両者をつなげることで、こうしたスポーツの新しい在り方、新しい価値をつくり出すことができると考えています。

ぜひ本書の読者である皆さんには、この本をスポーツ業界とは関係ない人に勧めるなどして、それをきっかけにスポーツを通じて仲良くなっていただきたいですね。私が感じていることとして、スポーツ業界以外の方々は、スポーツ業界に対してコミュニケーションの壁を感じているように思います。そういった壁を取り払って、スポーツ業界以外の人ともつながりを持ち、人脈の幅を広げることは、スポーツだけではない広い視野を持つという意味においても、潜在的なステークホルダーを掘り起こしてつなぎ合わせていくという意味においても、スポーツに新たな価値をつくるうえで非常に重要なことだと考えています。

日本のスタジアムを海外に進出させるのが目標

話を建築に戻しますと、２０１６年に政府が掲げた日本再興戦略のなかで、「スポーツの成長産業化」が目標として位置付けられました。スタジアム・アリーナの改革が、その基盤の一つになると言及されています。日本政策投資銀行スマートベニュー研究会の調査によると、スポーツ施設の新設・改築に伴う潜在的な市場規模は２兆円以上といわれており、非常に高いポテンシャルを秘めているものだと考えられています。

ただ同時に、昨今では「スタジアム・アリーナビジネス」という言葉だけが独り歩きしているようにも感じ、危機感を抱いています。スポーツ側と建築側がお互いに力を合わせ、研究や実績を積み重ねていくことで、「スタジアム・アリーナビジネス」が言葉だけではなく本当に中身のあるものにしていかなければなりません。そのためには、興行主であるスポーツ側からのアプローチが極めて重要になります。

そのうえで、日本のスタジアム・アリーナを海外に進出させたいというのが、私の目標です。これまで多くの日本人が建築界のノーベル賞とも呼ばれる「プリツカー賞」を受賞しており、日本の建築は世界でもトップランナーにいます。このコンテンツ力を活かさない手はありません。

日本建築に対する評価には２つ理由があると考えています。一つは非常に独自の歴史を歩んで、他の国では見られないような建築様式を育て上げてきたこと。もう一つは世界きっての地震大国であるため、技術的な面でも優れているという点です。

突飛な例ですが、スタジアムの可動屋根の方法について〝飛ぶ屋根〟というアイデアがあります。東京ドームの屋根は幕屋根になっていますが、例えば新スタジアムの屋根を二重幕の中空にして、そこへヘリウムガスをいれて、屋根全体を平べったい飛行船のように飛ばすことで屋根を開放しようというアイデアです。屋根の下側に飛空船の客船部のような形で座席を設ければ、空中から試合を観戦することができ、試合が終われば降りてきて屋根として元通りに収まるというアイデアです。これは決して新しいアイデアでも何でもなく、２００８年北京オリンピックに際して建設された北京国家体育場（通称鳥の巣）の二等案でこの〝飛ぶ屋根〟が提案され、技術的背景には日本の大手重工会社の協力のもとで実現可能な案として評価されました。

建築は技術の集大成といわれているなかで、国土の狭さや地震など、より多くの制約条件がある日本のほうが、さまざまなアイデアが出やすいのかもしれません。

次に日本の建築がどう進化していくのかは海外でも注目されており、日本が世界に打って出ることのできるコンテンツの一つとして確立されているといっても過言ではないでしょう。

日本のスポーツ業界において、これは非常に大きなアドバンテージになると考えています。建築側の持っている世界最先端の技術を、スポーツ側がどう活用していくのか。どのようなコンセプトを持って、スポーツ施設をつくり上げていくのか。実現したあかつきには、日本のスポーツ施設の価値は飛躍的に高まり、海外からの注目も高まると考えられます。

私は今後も日本のスポーツファシリティ分野を発展させていくための環境づくりに尽力していきます。そのためにも、顕在的、潜在的にかかわらず、スポーツに関わるあらゆるステークホルダーの間に立ち、つなぎ合わせるという役割をこれからも推進していきたいと考えています。そのなかで、皆さんともつながる機会があればとても嬉しいです。

［トップランナーの哲学］

目指すは「スポーツ×建築」の同時通訳者のような存在です。スポーツ施設に関わるあらゆるステークホルダーの間に立ち、つなぎ合わせていくことで、日本のスポーツファシリティ分野を発展させるための環境づくりに尽力します。

馬場渉

元SAPジャパン
バイスプレジデント
兼チーフイノベーションオフィサー

「強化と勝利に貢献できるテクノロジーは、ビジネス界においても価値のあるものになる」

ばば・わたる
1977年生まれ、新潟県三条市出身。中央大学卒業後、SAPジャパン株式会社に入社。大企業組織におけるイノベーションとそれを可能にするリーダーの開発とテクノロジーの採用を専門としている。デザインシンキングの方法論とSAPの最新クラウドサービスを組み合わせ、大規模組織にイノベーション文化を経営戦略として取り込む提案活動に従事。グローバル本社のデザインシンキング部門でカスタマーエクスペリエンス担当バイスプレジデントを務め、チーフイノベーションオフィサーを兼務。2014年に日本法人でのスポーツ&エンターテインメント事業立ち上げに尽力。2016年よりJリーグ特任理事に就任。政府IoT支援委員会委員。2017年よりパナソニック・ビジネスイノベーション本部副本部長、兼パナソニック・ノースアメリカ副社長に就任。

Wataru Baba
×
Innovation

企業向けのビジネスアプリケーションを開発・販売するソフトウェア企業として、世界最大のグローバル企業、SAP。彼らは今、サッカー・ドイツ代表、バイエルン・ミュンヘン、MLB、NBA、F1のマクラーレン・メルセデスといった世界トップクラスのスポーツ関連組織とパートナーシップを組むなど、25番目の産業としてスポーツ産業に注力している。

世界の商取引の76パーセントは彼らのシステムを経由するといわれるSAPが、なぜ市場規模が大きいとはいえないスポーツ産業へと参入したのか。同社でチーフイノベーションオフィサーを務めていた馬場渉氏が明かす、その独自の哲学とは——。

（編集部注：馬場氏は2017年4月よりパナソニックに所属。本書執筆はSAPジャパン所属時に行ったものです）

［現在に至るまで］

初めてITに触れたきっかけはサッカーだった

正直な思いとしては、人生はわからないものだなということです。

今でこそ、SAPジャパンでも2014年からスポーツ産業へのソリューションを展開するようになり、それをきっかけとしてJリーグの特任理事に就任するなど、さまざまな形でスポーツの仕事に携わるようになりました。ですが、決してもともとは今のキャリアを自分で思い描いてここまでやって来たわけではなく、むしろ結果的にそうなったと言ったほうが適切かなという印象が強くあります。ですので、自分のこれまでの歩みを振り返ってみても、あまり参考にはならないかもしれません（笑）。

私の人生で、最初に「スポーツの仕事」というものを考えるきっかけになった原体験は、高校のサッカー部にあったように思います。決して強豪とはいえない高校ではありましたが、全国大会を目指して一生懸命にやっていました。

ある日、サッカー部の監督が、「俺はJリーグの審判になる」と言い出しました。「選手としてはワールドカップに出られなかったが、審判としてならば出られるかもしれない」と。

今となっては、FIFAワールドカップが舞台裏にいるさまざまな人たちの支えによって運営されていることはわかりますが、高校生の時の感覚では、「ワールドカップってサッカーがうまくなくても出られるのか」と目からうろこが落ちるような思いでした。

大学受験の際には、例えばフィジカルトレーナーになれば自分もFIFAワールドカップに出られるのかもしれないと思い、スポーツ科学を学ぼうかと考えたこともありました。結局、数学を選択し、そのころに抱いていた思いはつい最近まで忘れてしまっていましたが……。

初めてITに触れたきっかけもサッカーでした。

これも高校生の時のことで、当時はACミランが大好きでした。ACミランの情報を得るために、イタリアのスポーツ新聞「ガゼッタ・デロ・スポルト」を読みたかったのですが、地元では売っておらず、わざわざ東京にあるACミランのファンクラブの事務所まで買いに行っていました。

そんなある日、クラスメートが〝インターネット〟の話をしていたのが耳に入りました。当時はちょうどウィンドウズ95の発売を控えて、インターネットが話題になり始めたばかりのころでした。「もしかしたらインターネットでガゼッタ・デロ・スポルトを読めるのかもしれない」という期待でパソコンを購入したのが、ITとの出会いでした。

SAPで身に付けた「標準化」の思考法が、スポーツの仕事にも役立っている

SAPに入った一つのきっかけは、ACミランファンだったこともあり、社会人になったらミラノでサッカーを見ながら悠々自適に暮らしたいと思ったことでした。ただ当時からイタリアは経済が不安定で給与水準が低かったため、働いている場所にかかわらず安定した収入を得られる仕事とは何だろうかと考えたのです。そこで専門的なスキルを身に付けようと考え、ヨーロッパの会社がいいということもあって、SAPを選んだのです。結局、入社後もミラノで暮らすことはありませんでしたが（笑）。

入社してからは、製造、金融、物流、小売といったあらゆる産業から、セールス、マーケティング、研究開発・エンジニアリング、サプライチェーンといったあらゆる業務に至るまで、さまざまなプロジェクトを次から次へと経験していきました。

最初のうちはそれぞれ一から勉強していたのですが、新しいプロジェクトへ配属されるサイクルがどんどん短くなっていき、とても追い付かなくなっていきました。ですが、いくつものプロジェクトを経験していくなかでサンプルとなるデータが頭のなかで増えてくると、人間の脳というのは自然と学習していくもので、全く違うと思っていた産業であっても、その共通点が見えてくるようになりました。

ＳＡＰは企業向けのビジネスアプリケーション領域において世界最大の企業ですが、その本質は「標準化」にあります。世の中にあるさまざまな事象をそれぞれ〝要素〟へと因数分解して、全く違うように見えていたものの共通点を見いだし、抽象化していく。そうすることで、クライアントそれぞれに個別のソリューションを一からつくるのではなく、産業や地域に影響されることのない標準化されたソリューションを提供することができます。

「この業界は特殊で、他の業界とは全く違う」と言う方は、とても多くいらっしゃいます。しかし、その〝違い〟というのは、見方を変えれば他産業とほぼ同じだということはよくあります。抽象化していくなかで見いだせる共通点と比べれば、〝違い〟はごくわずかにすぎず、標準化できるのです。

同時に、こうした作業を繰り返していくことで、本質的な〝違い〟、国や地域、産業、個社それぞれにおける固有のものを見いだすことができるようになります。

共通するものと固有のものとを切り分けていき、固有に見えるものでさえ共通の組み合わせで表現可能にすることが、ＳＡＰという会社の本質であり、コア・コンピタンスだといえるでしょう。

入社してからの十数年は、さまざまなプロジェクトを通じてこうした思考法を身に付けていきました。これは、スポーツに携わるようになった今に、非常に活きていると思います。

ＳＡＰジャパンで育ったことが、自分の強みや価値になっている

私はチーフイノベーションオフィサーという役職で、大企業や行政の方々にイノベーションの起こし方を身に付けてもらうという仕事もしていたのですが、イノベーションを起こす方法の一つに、「自分が普段から接していることや世間で常識とされているものの見方や捉え方を変えること」があります。

自分の努力だけで変えられる人もいるとは思いますが、多様な人たちとの交わり合いのなかで変えていくという方法もあります。住む場所、会う人、自分のやることを変えるなど、自分で意図して価値観を変えていくことが、イノベーションを起こす基盤になっていくわけです。

そういう意味では、自分自身は結果的にＳＡＰジャパン育ちで良かったと思っています。

例えばアメリカの場合、国土が広く、地域によって産業が全く異なることもあり、一度配属されれば、同じ産業、同じ企業、同じ業務のプロジェクトをずっと担当するということが数多くあります。どちらかといえば、スペシャリストを育てるカルチャーです。逆に韓国の場合だと事業規模が小さいため、産業にしても業務にしても全領域のソリューション機能を持つことはできません。売り上げの多くを一つの産業で上げているという国も多くあります。

そう考えると、ＳＡＰジャパンの事業規模はアメリカのように大き過ぎることはなく、コンパクトでありながら、日本という国ではあらゆる産業が盛んだということもあり、全領域のソリューション機能を網羅しています。

実際、私は今、ニューヨークやシリコンバレーのグローバル本社で仕事をしていますが、すべての産業、すべての業務のプロジェクトを経験してきたという人間はほとんどおらず、それぞれの領域のスペシャリストがそろっています。多様なバックグラウンドを持ったスペシャリストを正しく組み合わせることができれば、並外れたパワーを生み出すことができる。そのためには、柔軟な思考や価値観を持って、全体を俯瞰しながら、その時その時の状況を把握することが必要になります。そういう点においては、ＳＡＰジャパンであらゆる領域を経験できたことが、自分の強みや価値になっているなと感じています。

日本にいるとなかなか気付きにくいことですが、世界的に見ても、東京ほど多様性のある街は他に無いと思います。例えばシリコンバレーの場合、ＩＴ産業に関しては最先端ですが、他の産業はそこまで盛んではありません。ましてスポーツの協会や連盟、あるいは官公庁なんかも無い。東京の場合だと、あらゆる産業の企業の本社が集まっていて、官公庁やテレビ局もある。さまざまなスポーツの協会や連盟もあり、グローバル企業も集まっています。海外であれば飛行機に乗らないとすべてを回ることは不可能ですが、東京ならタクシーで2000円くらいの距離にたいていの組織の中枢機関がそろっているわけです。

これだけ多種多様な組織がこれほどコンパクトにおさまっている環境には、まさにイノベーションを起こすだけの素地があるはずだと感じています。この非常に恵まれた環境を活かして、多様なバックグラウンドを持つ人たちともっともっと交わり合うことで、ものの見方や価値観を変えていくことを意識してほしいなと思います。

［スポーツビジネスの最前線］

スポーツ界で強化と勝利に貢献するテクノロジーの価値

「世界の叡智と革新性をもって、変革を目指すすべての人とともにより良い明日を創る」、それが日本におけるＳＡＰの理念です。

グローバルでは「We help the world run better and improve people's lives」というスローガンを掲げており、より良い社会をつくり、人々の暮らしを豊かにするということが、ＳＡＰの存在価値だと考えています。

より良い社会をつくろうとした時、変化は避けて通れません。それが特に、多くの人が不可能だと感じるような劇的で破壊的な変化であれば、数多くの反対や批判を受けることもあるでしょうが、そこに共感できる社会的価値を見いだすことができれば、ＳＡＰではビジネスパートナーとして支援していきたいと考えているのです。

ＳＡＰが目指しているのは、革新的な変化、つまり〝イノベーション〟です。一般論として、従来の成功モデルの延長線上にイノベーションは生まれません。その外側に、これまでとは全く異なる新しいモデルをつくり、常識とされていたものを覆すことで、飛躍的な成長を遂げることができます。そうした革新的な変化を、最先端のテクノロジーによって支援し、実現に導くことで、より良い社会をつくりたいと考えています。

ではなぜＳＡＰはスポーツ産業へと参入したのでしょうか。その理由は2つあります。

一つは、スポーツで生まれた新しい創造性のあるテクノロジーの活用方法を、他の産業へと活かしていくこと。もう一つは、スポーツという世の中で大きく注目されるコンテンツを通じて、ＳＡＰのテクノロジーの価値を世の中に訴求することです。

２０１４年のＦＩＦＡワールドカップ・ブラジル大会で優勝したドイツ代表を陰で支えたのは、ＳＡＰのテクノロジーでした。ドイツ代表のヨハヒム・レーブ監督は、２００６年に就任して以来、一つの目標として「試合中に1人の選手がボールを保持する時間を短縮化すること」を掲げていました。この目標を達成するうえで、ＳＡＰとドイツ代表で共同開発したビッグデータ分析ツール「SAP Match Insights」が活用されました。データ解析とそれをもとにしたトレーニングを繰り返し、２００６年ＦＩＦＡワールドカップ・ドイツ大会時には2・8秒だった平均ボール保持時間が、２０１４年ブラジル大会では1・1秒にまで短縮されたのです。実際、この大会でドイツ代表が見せたプレーパフォーマンスは圧倒的に高次元で、サッカー界のトレンドを塗り替えてしまうほどの衝撃、〝イノベーション〟をサッカー界にもたらしました。

具体的には、高精細カメラでドイツ代表の試合を撮影し、その映像のあらゆるシーンに対し分析可能な意味付けをし、誰でも容易に活用可能にしたことにあります。フィールド上の22人の選手とボールの動きをトラッキングし、選手やボールのスピード、選手同士の位置や距離、パス経路、相手チームの動きなど、あらゆる情報を収集することができるようになったことで、1試合当たり約４０００万件ものデータを取得できるようになりました。それまでは２０００件程度といわれていたので、約2万倍にも増えたことになります。

ある選手がボールを受けてからパスするまでに時間がかかっていた場合、これまでは選手同士の距離感やポジショニングの良し悪しを指導者の主観に頼らざるを得ませんでした。しかし、約

４０００万件の膨大なデータを掛け合わせることによって、パスコースはあったのにパスを出さなかったのか、それともパスコースをつくるように周りの選手が動けていなかったのかなど、客観的なデータのもとで、パスを出せなかった真の原因を分析することが可能になったのです。

この「SAP Match Insights」の基盤は、インメモリ技術（使用するデータやプログラムなどをすべてメモリ上に格納し処理する技術）によって大量のデータを超高速で処理することが可能になった「SAP HANA」というプラットフォームにあります。どんなに素晴らしいシステムを開発したところで、データの処理に何日もかかっていては意味がありません。超高速でデータを処理し、リアルタイムで解析できるようになったからこそ、即座に選手にフィードバックしてトレーニングに反映するといったサイクルを回すことができるようになりました。

目標だった「ボール保持時間の短縮化」を達成することができた背景には、こうしたＳＡＰのテクノロジーがあったのです。

では、この「SAP Match Insights」は、いったいどのようにして他の産業へと活かしていくことができるでしょうか。

例えば、選手同士の距離感をリアルタイムで計測し、選手の能力を評価するというテクノロジーの使い方は、自動車産業に応用できます。車と車、歩行者、その他の物体との距離をリアルタイムに計測・計算処理し、運転事故リスクとの相関分析された傾向値と比較することで、ドライバーごとの運転技術を科学的に判断することが可能になります。運転技術やスタイルに応じて保険料を変動させる保険商品の開発にも応用できるでしょう。

こうした新たなテクノロジーの価値を、営業社員を数多く採用して各企業へと個別に訪問して説明するよりも、スポーツという非常に多くの人が注目するものを媒介にして世の中に訴求するほうがより説得力があり、効果的だといえるでしょう。スポーツにおけるチームの〝強化〟と〝勝利〟は、企業における〝製品・サービスの品質向上〟と〝市場における競合への勝利〟に相当します。強化と勝利に貢献できるテクノロジーは、ビジネス界においても価値のあるものになるのです。

スポーツ産業のマーケットは、その他の産業に比べて大きいとはいえません。ですが、スポーツ産業だからこそ得られる成果も大きい。それが、ＳＡＰがスポーツ産業へと参入した理由です。

スポーツ業界は他産業で生まれたベストプラクティスをもっと受け入れるべき

ＳＡＰが現在スポーツ産業に向けて提供しているサービスは、大きく3つのキーワードで見ることができます。１つ目がプレーヤー&チームパフォーマンス（選手・チームの強化）、２つ目がスタジアムエクスペリエンス（スタジアムでの体験価値の向上）、３つ目がファンエンゲージメント（ファンとの結び付きの強化）です。

１つ目のプレーヤー&チームパフォーマンスとして提供されているソフトウェアが、ドイツ代表が使用した「SAP Match Insights」をさらに進化させた「SAP Sports One」です。

試合やプレーの分析に加えて、怪我や治療などの履歴から怪我の予測・予防に至るまで選手の健康状態を一括して管理できる機能や、より効果的なトレーニング計画をサポートする機能、さらには選手補強に向けたスカウトのコミュニケーションに最適化された機能が用意されています。これらすべての機能がクラウド基盤上で稼働する統合プラットフォーム「SAP Cloud Platform」にあるため、専用のアプリをインストールすれば、すべての情報がスマートフォンやタブレットで気軽に確認・共有できるようになりました。

2つ目のスタジアムエクスペリエンスの向上には、リアルタイムに来場者の動向を分析することができる「SAP Live Stadium Experience」を提供しています。

例えば、皆さんはスタジアムに行かれた時に、駐車場やゲートが混雑していてなかなか入場できず、試合前のスタメン発表や国歌斉唱に間に合わなかったという経験をしたことはありませんか？

試合が始まるまでのあの高揚感を味わえなければ、せっかく奮発して良い席のチケットを購入したのに……、と損した気分になるでしょう。あるいは試合後、スタジアムからの帰り道が混雑してしまい、1時間以上全く動けなくなってしまったという経験もあるのではないでしょうか。

こうした体験をしてしまうと、来場者の満足度は下がってしまいます。こうした事象をできるだけ減らしていく努力をしていくためには、今すいている駐車場やゲートに来場者を誘導することや、混雑の状況によって運営スタッフやボランティアを最適に配置すること、あるいはそもそも混雑が起きないように、いつどこで何をすれば人を分散させることができるのか計画することが必要になるわけです。

「SAP Live Stadium Experience」では、こうしたスタジアムという特有のライブ空間における来場者の体験価値を向上させるために必要な情報をクラブ側に提供する機能を持っています。

3つ目のファンエンゲージメントの強化には、「SAP Hybris Marketing」「SAP Hybris Profile」を提供しています。この2つはスポーツ産業向けに開発されたものではなく、あらゆる産業の企業に向けて販売されているソフトウェアです。一言でいうと「デジタル時代の顧客エンゲージメント」で、従来のCRM（Customer Relationship Management／顧客関係管理）とは全く異なる考え方になります。

従来のCRMでは、顧客情報はデータベースの左から右に流れていくイメージでした。つまり、まず一番左の項目として「名前」がわかっていることを前提とし、そこから「住所」、「電話番号」、「Eメールアドレス」、「SNSアカウント」、「クレジットカード」、「家族構成」、さらには「スタジアムへの来場頻度」や「グッズの購入履歴」といった顧客情報をいかにして取得していくか、という流れです。

ところがデジタル時代ではこれが逆になります。つまり右から左に流れていき、最後に名前がわかるというイメージです。

それでは、名前もわからないある人を例に取ってみましょう。

試合が開催されるある日、スマホの「位置情報」からスタジアムに来場したことがわかります。この人はスタジアムに到着しても、試合と関係のないワードで検索している。一生懸命にチームを応援するというよりも、エンターテインメントとしてスポーツ観戦を楽しんでいるカジュアル層だということがわかります。また特定の「検索ワード」から何に興味を示しているのかもわかる。趣味嗜好がわかったところで関連する広告を表示し、ブランドサイトからキャンペーンの応募へと誘導する。そこで「Eメールアドレス」を提供してもらい、そのアドレスでアプリにログインすれば今度は「端末ID」を取得できる。さらにはチームのオンラインショップに誘導し、特定のワードに関連する商品をレコメンドする。最終的に購入してもらうことで、「クレジットカード」と「名前」までわかるわけです。このように、データベースの右側からじわじわと、この人が何者なのかが見えてくるのです。

さまざまな顧客接点から得た情報をもとに相関分析していくと、本人にアンケートやインタビューを取らなくても、この人がどんな属性の人物で、どんなことに興味があるのか、機械学習を通じてかなり高精度にプロファイリングできるので、後はあらゆるチャネルを通じてエンゲージメントを高めることができます。

このような〝デジタルおもてなし技術〟によって、リアルタイムにファンとのエンゲージメントを強化することができるだけでなく、「SAP Live Stadium Experience」と連携することで、どのファン層に対しては、どんなサービスをスタジアムで提供すれば、スタジアムエクスペリエンスをより向上させることができるか、といった効果も期待できるようになるのです。

プレーヤー&チームパフォーマンス、スタジアムエクスペリエンス、ファンエンゲージメント以外にも、ビジネスオペレーションの支援をするサービスも提供しています。まずは、他業界でSAPが培ってきたベストプラクティスをスポーツ産業に展開していきたいと考えています。スポーツ業界では、スポーツ業界内でノウハウを学ぶ動きは活発だと思いますが、その他の業界から学ぼうという動きは非常に少ないように感じます。スポーツ産業は海外も含めて、まだまだスポーツ以外の産業のベストプラクティスの恩恵を受けていないといえます。

例えば、トヨタ自動車の強さを支えている「トヨタ生産方式」は、ベストプラクティスとして世界中で学習され、製造業はもちろん他業界へも応用されていますし、もともとはスーパーマーケットの仕組みからヒントを得て考案されたといわれています。

このようにビジネス界では、国や地域、産業を超えて共通点を見いだし、ある産業で生まれたベストプラクティスを他の産業へと応用していくことが当たり前のように行われていますし、それがSAPの強みでもあります。

これはスポーツ界においても同じことがいえるはずです。例えば、プロスポーツにおけるチーム強化のための選手獲得や育成。これは一見スポーツ界特有のものに見えますが、実際のところは企業における人事評価や採用活動、人材教育・人材開発と根本的には同じわけです。SAPではもともと企業の人材戦略における「タレントマネジメント」のサービスを提供していますので、そのノウハウをスポーツ界にも持ち込むことができます。他にも、先ほどお話したスタジアムエクスペリエンスについてはテーマパークや百貨店のビジネスのノウハウを活かすことができますし、ファンエンゲージメントでお話したようなデジタル時代の顧客エンゲージメントは今や業界を問わず行っていることです。

「スポーツ業界は特殊だ」と考える人もいると思いますが、標準化すれば他の業界と共通している点は非常に多くあります。ですので、ＳＡＰではまず、ビジネスの世界からスポーツの世界へとベストプラクティスを展開させていきたいと考えています。

そのうえで、次にやるべきことが、スポーツ産業のなかで発達している〝特有〟のベストプラクティスを他産業へと展開していくことです。これまでにもお話してきたように、ＳＡＰの強みは、ある一つの産業で見つけた〝特有〟のベストプラクティスを国や地域、産業を超えて応用していくことにあります。スポーツ産業はこれまで閉じられてきた産業ですので、ある意味ではガラパゴス的に異常発達した〝特有〟のノウハウがあるはずです。それらを発見して、他産業へと展開していく。ビジネス界からスポーツ界へ、スポーツ界からビジネス界へ、この2方向でベストプラクティスを還元させていきたいと考えています。

岡田さんがFC今治で進めている「型づくり」の本質はSAPと同じ

現在取り組んでいるプロジェクトから、元サッカー日本代表監督の岡田武史さんがオーナーを務めるFC今治（2017シーズンJFL所属）の事例を紹介したいと思います。

SAPジャパンでは2015年2月からFC今治のビジネスパートナーを務めています。

岡田さんがFC今治で掲げているプロジェクトは非常に壮大で、日本サッカーを大きく前進させる可能性があるチャレンジだと感じて、支援することを決めました。

そのプロジェクトとは、「日本サッカーの〝型〟をつくる」ことにあります。

日本サッカーはここ数年で大きな成長を果たしましたが、その日本よりも高いレベルにあるスペインにも〝型〟、要は共通認識となっているプレーモデルがあるそうです。よく岡田さんは「守破離」という日本の武道に伝わる教えを例えに出していますが、最初は師匠からの教えを守り、自分なりのやり方を見つけて、師匠を超えていくというものです。あれだけ自由にプレーしているように見えるスペインでも、子どものころは徹底的に〝型〟をたたき込まれている。〝型〟を知っているからこそ、自由な発想が生まれると。そこで、トップチームから育成組織、さらには地域全体まで巻き込み、同じ哲学、同じプレーモデル、同じトレーニング手法をもとにしたチームづくり、「岡田メソッド」をつくろうとしているのです。

〝型〟というと、「型にはめる」といったように誤解されることも多いのですが、そうではありません。先ほどSAPのコア・コンピタンスである「標準化」の話をしましたが、岡田さんの言う「型づくり」とは、実はこれと全く同じ話です（世の中にあるさまざまな事象をそれぞれ〝要素〟へと因数分解して、全く違うように見えていたものの共通点を見いだし、抽象化していくことで、クライアントそれぞれに個別のソリューションを一からつくるのではなく、産業や地域に影響されることのない標準化されたソリューションを提供することができる）。

つまり、サッカーにおいてピッチの上で起きるさまざまな事象を〝要素〟へと因数分解していこうとしているのです。

例えば、試合のなかでよく「サポートに行け！」と指示が飛ぶ場面があると思います。しかし、一言で〝サポート〟といってもシチュエーションによってさまざまです。ヨーロッパのクラブの場合、その種類は何十にもおよび、そのすべてが定義され名前が付いているのです。それを選手もコーチも共有することで、「今はシチュエーションA3だから、サポートX3に行くべきだ」と。選手がサポートに行けなかった場合には、A3というシチュエーションだと理解できていなかったのか、それとも理解はしていたがX3というサポートを実行できなかったのか、あるいは別の考えがあったのか。こうした議論ができるようになります。

そして、それぞれの要素を組み合わせ、構造化していくことで、チームのスタイルをつくり上げていくことができるのです。人間が識別可能な色は1677万色だといわれていますが、これらがたった三原色の組み合わせによって成り立っているように、サッカーも分解した要素を組み合わせることによって、多様なサッカーのスタイルを表現することができると考えています。決して、〝型〟にはめて、その〝型〟から外れることを禁止しているわけではありません。

先ほど、イノベーションについて、従来の成功モデルの延長線上に生まれず、その外側に全く異なる新しいモデルをつくり、常識とされていたものを覆すことで飛躍的な成長を遂げることができる、という話をしましたが、岡田さんが「岡田メソッド」をつくるにあたって、FC今治を選んだ理由もまさに同じです。もしすでにでき上がった組織で始めようとすれば、今ある仕組みを一度つぶす必要がありますし、このやり方に合わない指導者やスタッフを外すこともしなければなりません。日本代表やJリーグのクラブにはすでに確立された仕組みがありますし、世の中への影響が大き過ぎることもあり、現実的ではないでしょう。そこで、ゼロベースから構築できるFC今治を選んだわけです。

岡田さんのビジョンとしては、FC今治で結果を出し、日本代表選手を輩出していくことだけではなく、この成功モデルを国内はもちろん国外にも展開させていくことで、サッカー界そのものを変えていきたいと考えているようです。

こうした「標準化」の手法は、まさにSAPが得意とする分野で、私自身もずっとやってきたことでもあります。ですので、SAPジャパンとしては、先ほどお話したテクノロジー面からの支援だけではなく、岡田メソッドをつくるにあたっての標準化や構造化の手法といったアプローチなど、さまざまな面から全般的に支援していければと考えています。

本田圭佑選手が見据えているのはサッカーにとどまらない

他にも、２０１６年4月から、本田圭佑選手のマネジメント会社であるホンダエスティーロ（HONDA ESTILO）のビジネスパートナーとなり、「HONDA NO LIMITS PROJECT」を開始しています。ホンダエスティーロのグループ傘下にある、オーストリア2部リーグ（２０１６－２０１７シーズン）のＳＶホルン、ソルティーロＦＣ（中学・高校生年代を対象とした育成チーム）、ソルティーロ・ファミリア・サッカースクール（主に小学生年代を対象としたスクール）と、トップチームから育成年代に至るまで全面的に支援しています。

本田選手は「SAP Match Insights」のことを知って、ＳＡＰに興味を持ったようでした。今の日本の強化や育成のやり方のままでは、Ｊリーグやヨーロッパで活躍する選手は出てきても、リオネル・メッシやクリスティアーノ・ロナウドのような〝ぶっ飛んだ〟選手は絶対に生み出せないと。そのためには強化・育成だけを見ていても不十分で、教育なども含めてもっと全体的に考えていく必要があると考えているようです。

私がスポーツ界に深く携わるようになったこの3年で気付いたことは、「なぜ日本はサッカーで勝てないのか」と、「なぜ日本のビジネスでイノベーションが起きないのか」、その答えは共通しているということです。それはまさに〝ものの見方・捉え方〟です。失敗やリスクの考え方、リーダーの育成などを含め、日本の教育そのものが今の時代に合っていない。だからサッカーでもビジネスでも負け続けるのです。根本となる〝人〟の部分から変えていかないといけない。日本では強化・育成なら強化・育成、テクノロジーならテクノロジー、ビジネスならビジネスと、それぞれ分断して考える傾向にあります。ですが、これらはすべて切っても切り離せない関係にある。何か新しいテクニックを身に付けたり、戦術を取り入れたり、テクノロジーを導入しさえすれば勝てるようになるかというと、そうではないのです。

本田選手も同じことを考えているようです。本田選手がSVホルンやソルティーロFCで成し遂げようとしていることは、「世界で戦える選手の育成」なのです。それはサッカーにとどまった話ではなく、同時にビジネスなどのあらゆる分野における「世界に通用する人材の育成」にも共通することになるのです。

このプロジェクトを通じて、サッカーの部分ではもちろんですが、こうしたものの見方・捉え方やリーダーの資質、新しいものの発想の仕方など、〝人〟の育成・教育の部分でも変革を起こしていきたいと考えています。それが、サッカーでも、ビジネスでも、日本がグローバルで勝つことにつながるものだと考えています。

SAPジャパンでは、スポーツ界におけるビジネスパートナーの選定基準を明確にしています。それは、「より良い社会をつくるために変化することを恐れないこと」、そして「世界に誇れるユニークさを持っていること」です。

よく、「うちは小さいので予算があまり無いんですけど……」と謙遜する方がいらっしゃいますが、逆に大きい組織では今の仕組みを壊すことが難しく、小さい組織のほうが全く新しいことにチャレンジするリスクを負うことができる、ある種の社会実験をしやすい環境にあるわけです。FC今治やホンダエスティーロを支援しているのも、まさにこうした理由からです。予算の有無、規模の大小、競技力の強弱ではなく、より良い社会をつくるために変化することを恐れず、世界に誇れるユニークさを持っていると共感できるところがあれば、積極的に支援していきたいと考えています。

［見据える未来］

今後、スポーツの向かうべき方向性は、社会問題の解決にある

今後の明確なビジョンとして、特に何か一つのことを成し遂げたいというものがあるわけではないのですが、究極的な目標を挙げるとすれば、世の中をより良くしたいという願望は非常に強くあります。それだけ言うと、とてもいい人のように聞こえるかもしれませんが、実は全くの逆で、非常に自己中心的な考え方からです。

ある時、自分が豊かで幸せな生活を送るためには、自分だけが満たされていてもダメなんだと気

付いたことがありました。例えば、どの家庭でも同じことがいえると思いますが、私が何かいいことがあって気分良く家に帰ってきたとしても、妻が不機嫌で家の雰囲気が悪ければ、どよんとしてしまいますよね。逆に妻や子どもが幸せに暮らしていれば、家庭のなかは平和なので、自分の好きなことができる(笑)。もし馬場家が幸せだったとしても、住んでいる場所の治安が危険だとしたら、やはり安心して暮らすことができません。世の中が安定していて、初めて本当に自分が幸せでいられる、と。

つまり、自分が好きなことをやって生きていくためには、世の中の問題を片っ端から解決していく必要がある、というのが原点にあります。ただ、世の中には問題が無数にあり、一つの問題を解決するとまた新しい問題が生まれるということもあるので、自分ですべての社会問題を解決するのは不可能だといえるでしょう。ですので、社会問題が解決されていく仕組みをつくっていくことが必要なのではないかと考えるようになりました。

今後、スポーツの向かうべき方向性は、社会問題の解決にあると思います。スポーツの持っている最大の価値は「媒体力」にある、というのが私の考えです。

例えば、ある企業が新たに海外へと販路を広げていきたいと考え、社員に対して「これからは世界を舞台に戦っていこう」というメッセージを伝えたい場合、サッカー好きであれば三浦知良選手や、引退した中田英寿さん、野球好きであれば野茂英雄さんを例に出しながら、パイオニアとして道を切り拓いて世界の舞台で戦うことの重要性や意義を伝えていくのではないでしょうか。そこで決して、「〇〇産業の▲▲課長を見てみろ！」とはならないわけです（笑）。

スポーツというコンテンツには、共感性や説得力、波及スケールや伝達能力、勝敗という明快さといった、非常に強い特徴が備わっています。こうした特徴が、スポーツの「媒体」としての価値を高めているといえるでしょう。そのすさまじいまでの破壊力に、スポーツ業界の人たちはもっと気付くべきでしょう。

こうした「媒体力」を、もっと社会問題の解決に向けるべきだと思います。

2016年、アメリカの女子サッカー代表選手が、男子代表との待遇の格差に対する不満から同国サッカー連盟を訴え、上院がサッカー連盟に対して是正を勧告したという出来事がありました。この問題はスポーツ紙だけでなく、ウォール・ストリート・ジャーナルやニューヨーク・タイムズといった大手新聞紙でも大きく報じられるなど、世間の関心を大きく集めたのです。女子サッカーという〝媒体〟によって、「男女格差」という社会問題を再発見し、いま一度この問題を正しく理解することによって、問題の解決に寄与したといえるでしょう。

一方、日本で女子サッカーの話題となると、例えば、どうすればなでしこジャパンはもっと強くなるのか、アメリカ代表はなぜあんなに強いのか、アメリカの女子サッカー人口は日本の10倍だ、だから日本でももっと女子サッカー人口を増やさないとダメだといったような、サッカーの目線でのみ語られているように感じます。もちろんそれもサッカー界の課題として解決しなければいけないことではありますが、それだけでは社会との接点が無いために、世間から関心を持たれないわけです。

日本では昨今、人口減少による経済の停滞が大きな社会問題となっています。移民を受け入れないと言っている以上、経済成長率を維持・向上させるためには、労働生産性を上げるか労働人口を増やすしかない。政府が提言している一億総活躍社会はまさにそういうことで、特に女性が活躍する社会をいかにしてつくり上げるかが大事になってきます。

こういった社会問題に対して、女子サッカーという〝媒体〟が貢献できることは何か。社会問題を世間に広く認識させることや、解決に向けて寄与することができれば、女子サッカーの〝媒体〟としての価値が上がり、スポンサーシップの金額も5倍、10倍と跳ね上がるのではないでしょうか。

これはもちろん、女子サッカーに限ったことではありません。

私自身、スポーツという媒体を使って、いかにして社会問題の解決に貢献できるのかといったことに、注力していきたいと考えています。

アメリカやヨーロッパでは、スポーツの仕事は経済的にも社会的にも報われていて、ドリームジョブと呼ばれるほどの憧れの職業となっています。幸運なことに、私は今スポーツの仕事に携わっていますが、ドリームジョブに就いたという意識はありません。それは、日本のスポーツが産業として成り立っていないからです。日本のスポーツ界には、本当に多くの優秀な方々が一生懸命に尽力しているにもかかわらず、まだまだ決して報われているとはいえない状況です。

彼らの仕事を本当の意味でのドリームジョブにすること。そのためにも、日本のスポーツを産業として発展させ、スポーツの社会的価値を高めていくことが、自分の使命なんだと思っています。

［トップランナーの哲学］

スポーツというコンテンツには、共感性や説得力、波及スケールや伝達能力、勝敗という明快さといった、非常に強い特徴が備わっています。スポーツ界はこうした「媒体」としての価値の高さを活用して、もっと社会問題の解決に貢献していくべきだと思います。

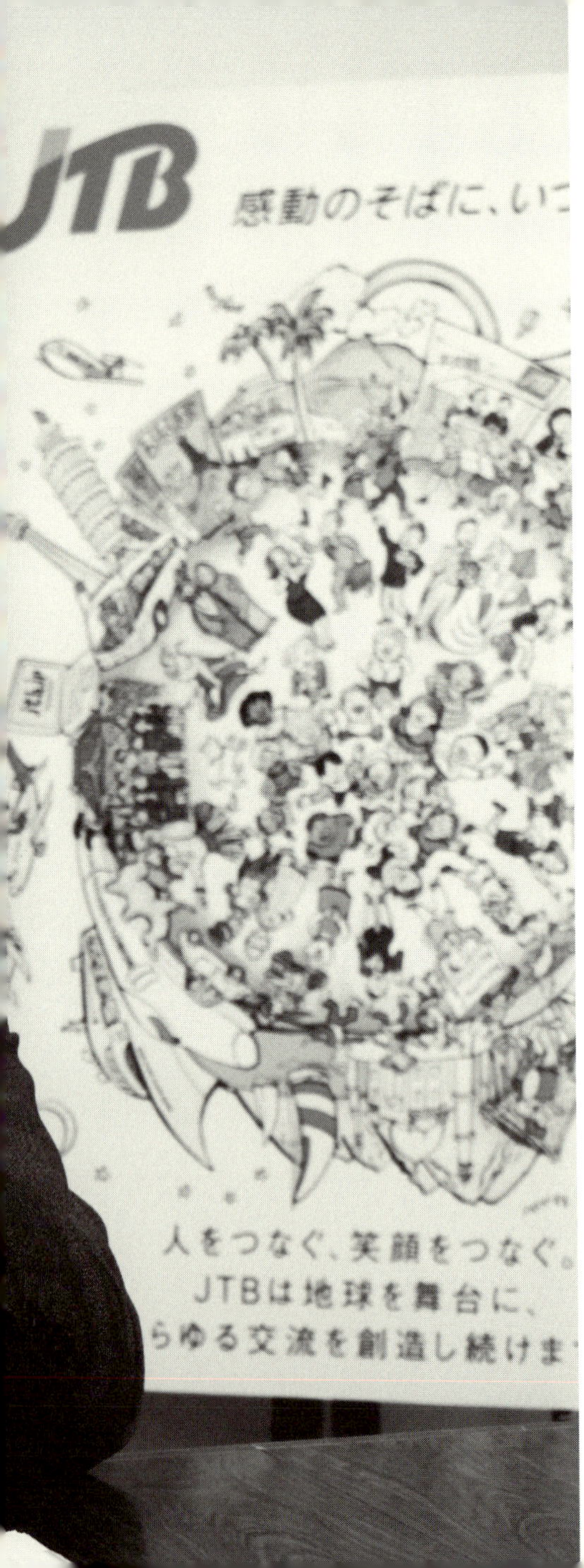

倉田知己

JTBグループ本社スポーツビジネス推進室
エグゼクティブプロデューサー
兼STHジャパン 取締役

くらた・ともき
1960年生まれ。上智大学卒業後、日本交通公社（現JTB）に入社。シドニー支店勤務時代の2000年シドニーオリンピック・パラリンピックの現地幹旋本部の責任者として大型スポーツイベントに関わって以来、北京オリンピックやロンドンオリンピックをはじめ社内で大型国際スポーツ関連事業に多面的に従事する。現在は従来の選手輸送や観戦ツアーといったトラベル事業から、スポーツツーリズムをキーワードとした地域活性化や海外スポーツコンテンツ輸入等の新規事業への展開をプロデュースしている。2019年ラグビーワールドカップの社内統括責任者であると同時に、日本初のスポーツホスピタリティ専門運営会社である「STHジャパン」取締役を兼務している。

「スポーツツーリズム。
この分野を開拓していきたい。
日本には有形無形の
財産がまだまだあります」

２０１６年、訪日外国人観光客がついに２０００万人を超えた。予想を上回るスピードでの達成である。政府は東京オリンピック・パラリンピックが開催される２０２０年には年間４０００万人を目標としている。

例えば、Ｊリーグでは自国の選手を応援するため、アジア諸国から大挙して応援ツアー参加者がやって来ている。また、地域のスポーツイベントに参加する外国人観光客も増えている。そのようななかでスポーツツーリズムはスポーツビジネスのなかでも、最も収益を生み、最も地域創生に貢献する可能性があるとして注目を浴びている。

［現在に至るまで］

駐在先のシドニーオリンピックの経験がターニングポイント

高校、大学、社会人とずっとラグビーをやっていました。大学を出た時は、スパイクもジャージも全部捨てて「二度とやるか」と思ったのですが、結局ＪＴＢ関西ラグビー部の部員となり、通算では20年もやっていました（笑）。

現在、ＪＴＢ（株式会社ジェイティービー）において、２０１９年ラグビーワールドカップ日本大会の担当なのですが、昔活躍していた選手の名前や実績など、一般の社員が知らないことをわかっているということは、今の仕事にとても役立っています。ラグビーを、スポーツを、ずっとやっていてよかったと実感しています。

１９８４年にＪＴＢに入社。まだ日本交通公社と呼ばれていたころです。もともと旅が好きなので入社し、すぐ大阪の海外旅行関西支店に配属。主に法人営業を担当し、民間企業や自治体、大学の海外への研修や視察ツアーの手配をする仕事がメインでした。

私は東京生まれ、東京育ち。それが新卒でいきなり関西弁まみれの大阪での生活環境に。慣習に慣れるのも22、23歳の若者にとって大変でした（笑）。

その後、１９９７年から２００３年までＪＴＢシドニー支店に配属になりますが、ここでは私の人生でターニングポイントとなるビッグイベントが待っていました。２０００年のシドニーオリンピック・パラリンピックです。

駐在中の私の業務は日本から来られるお客様のホテルをはじめとする各種手配、現地のオプショナルツアーや土産販売など、現地支店としての仕事を統括する立場にありました。これが、生まれて初めての大型スポーツイベントとの関わりとなりました。

そして、「スポーツツーリズム」と出会いました。

オリンピック・パラリンピックを観戦するために来られるお客様、喜びに溢れた表情、応援しているアスリートとの一体感……普段の観光地での業務では見られないお客様の反応を肌で感じました。普通の旅行とは違う〝何か〟がそこにありました。

海外の駐在期間にオリンピック・パラリンピックが開催されるというのは、全社員のなかでもめったにないチャンスです。今振り返ると、私の仕事におけるターニングポイントはここだったのではと言えます。一般の法人旅行の営業をしているだけだったら、現在のようにスポーツツーリズムの仕事に携わっていませんでした。

「スポーツイベント＋旅」。旅は「見る」から「体感する」へ進化しています。きたる2019年ラグビーワールドカップ日本大会や東京2020オリンピック・パラリンピックで、この分野は大きな発展の可能性を持っていると私は見ています。

その後、私は2003年に日本に帰国しました。帰国後数年が経った時、あるワールドワイドオリンピックパートナー企業のオリンピック開催時のホスピタリティプログラムを企画する部局に駐在することになりました。今度は2006年のトリノ大会と2008年の北京大会のオリンピック関連の仕事でした。

アメリカや南米、そしてヨーロッパなどから企業社員の方や関係者、同社の大切なお客様がオリンピックに訪れる際、マーケティング権利に配慮しながら、滞在中の宿泊や移動のオペレーションをよりスムーズに実現させることはもとより、いかに参加することの価値を感じていただくかがメインの業務でした。

一方この企業とのつながりから技術的な側面から裏舞台の仕組みを学ぶことができました。

例えば、スタジアムの中に同社製の巨大なスクリーンを設営する際、搬入や組み立てに必要な特殊技術を持つ外国人作業員を招聘することがあります。時には入国査証（ビザ）が必要になることもあり、私は関係先と交渉して招聘《しょうへい》状を出してもらうような業務にも携わっていました。

意外と思われるかもしれませんが、旅行会社の仕事の一つはこういったオリンピックの裏側での作業の連続なのです。音響も同様で、広大なスタジアムで、どの位置にスピーカーを設置すると全体的に音が同一に聞こえるかなど、音響を熟知するスペシャリストが世界にはいます。そうした専門家は現地に1、2年間駐在するのです。私はその方々のお世話をする機会を得て、裏舞台の仕組みを体感しました。

さらに2010年のバンクーバー大会では、JTBの責任者としてチケッティング業務を含む全手配斡旋の責任者となりました。さらにその次の2012年のロンドンでは、JOCの本部部員として選手村で輸送担当をさせていただきました。選手を日本から選手村までお連れし、無事に日本まで帰国していただくのが仕事です。

選手の現地入りは各自バラバラですし、競技結果次第では、すぐに帰国する選手もいます。そういった状況を円滑に進めていく仕事もさせていただきました。2000年シドニーオリンピック・パラリンピックでの現地斡旋本部の責任者としての経験をきっかけにして、以来、トリノ、北京、バンクーバー、ロンドンとオリンピック・パラリンピックを通じて多くの経験値を積んでいくこととなりました。

「JTBスポーツビジネス推進室」が立ち上がる

JTBの大きな事業の柱として「交流文化事業」があります。その中核になるのが「旅行」ですが、すでに成り立っている今の産業形態からいかに業態を変えつつ、新しいビジネスの柱をつくっていくか。そういった社内議論を繰り返している時に決まったのが、「2020 TOKYO」。ニュース画像に映ったボードが、今も多くの人々の記憶に焼き付いていることでしょう。2020年に東京でのオリンピック・パラリンピックの開催が決定しました。JTBでは旅行で培ってきたノウハウやアセットを活用し「スポーツをビジネス化する」ことを目的に、JTBスポーツビジネス推進室が設立されました。未来に向けた小さな一歩を踏み出したのです。

設立当初は数名の小さな組織でしたが、現在は30名を超える組織になっています。各種組織委員会等に出向している者もいますが、スポーツをマネタイズ化するために、JTBはどうあるべきか……、戦略・戦術を練っています。

事業の大きな柱の一つは、もちろん東京2020オリンピック・パラリンピックです。オリンピックについてはIOCが決めたいろいろな各種ルールがあり、それに基づいて企業はパートナー契約を結んでいます。われわれもその一員ではありますが、さまざまなパートナー権利の効果をどのように最大化すべきか、ＪＴＢのノウハウを活かして他の企業様に提案をしていきます。また当然のことながら感動体験の機会を提供する観戦ツアーの商品化も進めていきます。

オリンピックやパラリンピックの場合はある程度大枠のルールや役割が固まっているため、権利やブランドを使いながら、ＪＴＢとしてのプレゼンスをどう高めていけばよいか？　ここが大きなミッションとなるのではないかと考えております。

さらにもう一つ事業の大きな柱になるのが、私が主担務であるラグビーワールドカップです。

２０１５年ラグビーワールドカップ・イングランド大会の時、ＪＴＢが日本で唯一の公式旅行会社として認定され、私も２カ月ほど現地に駐在し、応援ツアーを企画・販売して約１５００名の日本のお客様をイギリスにご案内しました。

「現地ではどんな現象が起こっているのか」

「２０１９年の日本開催までに何を準備しなければいけないのか」

ラグビーワールドカップの日本開催に向けて、全国に広がる開催12都市の自治体担当者に、上記の質問への答えのヒントを得られるようなスタディツアーも取り扱いました。

ラグビーワールドカップではＪＴＢの業務にも期待されています。

例えば私が担当した２０００年のシドニーオリンピック・パラリンピックでも２００２年ＦＩＦＡワールドカップ日韓大会でも、ＪＴＢの役割は、観戦者をお連れすることや関係者の斡旋および選手を輸送するなどのオペレーション業務に偏っていました。でも残念ながら、その時は大きなスポーツイベントを通じて何か新しいビジネスチャンスを生み出していこうという発想はありませんでした。

２０１９年のラグビーワールドカップを考えると、まず海外から多くのラグビーファンに日本に来ていただき、満足して帰っていただかないといけない。さらにはラグビーファンは富裕層といわれていますが、観戦者から日本へのリピーターになっていただかないといけない。リピーター化したお客様には、ＳＮＳなどを通して、開催都市をはじめ日本各地の良さを発信していただき、さらに将来の訪日客の獲得へとつなげていかなければいけません。大会期間中は滞在期間が数週間に渡ることも想定されており、開催都市だけでなく、いかに日本中を回遊し、お金を落としてもらうかがポイントです。

「ラグビーワールドカップを一つの（誘客）装置としての位置付けとする」

ＪＴＢとして、海外からのお客様の旅行のお世話をするだけではなく、この機会を最大限活かして、日本のＰＲ機能として情報を発信していこうと戦略を練りました。そのため、まずは２０１５年のイングランド大会で大規模なアンケート調査を実施しました。

予選3試合と決勝トーナメント3試合、地域的にはロンドン地区での4試合、地方で2試合。スタジアムの周辺で集まっていた人々にアンケート用紙を配り、調査しました。設問は50ほどあり、非常に細かな調査でした。

「ラグビーワールドカップの観戦は何回目か？」「どこの国から来たのか？」など基本情報の他、「日本のラグビーワールドカップに対する考え方」「どのくらいお金を使う予定か？」「滞在予定の日数は？」「日本の開催都市を知っているか？」「開催都市以外にどこへ行きたいか？」など多岐に渡りました。後に、このアンケートは公的機関の報告書の一部にも活用されています。

「観光＋試合観戦＋アクティブな体験」をお客様は求めている

アンケートの結果、興味深い回答が多かったのですが、笑うに笑えないものも幾つかありました。「大会中に開催都市以外で行きたい日本の都市はどこか？」という質問の回答にソウルや北京が入っている。ソウルや北京も日本だと思っているからなのか、あるいは本当にソウルや北京に行こうとしているのか。実際は、これらの回答は日本のスポーツビジネスやスポーツツーリズムを考えるうえでは由々しきことで、せっかく日本に観戦に来てくれたのに、日本でお金を落とさず他の国に行ってしまう可能性があるのです。

２０１９年のラグビーワールドカップで、日本で最大限の経済効果を生むためには、日本に留まってもらえるような魅力のある情報発信の必要性を再認識させられたのでした。実際にイングランド大会でも、試合後にフランスなど周辺諸国に足を延ばしたりするお客様を多く見ました。したがって２０１９年に日本で開催する際は、日本で過ごしたほうが心地いいし、楽しいし、感動的なのだという日本の魅力をどのように発信するかという、発信の質と方法も新たに考えていかないといけません。

また試合観戦の他に何をしたいかという質問の回答については、観光が最も多いのですが、「日本食を楽しみたい」の他、「美術館・博物館めぐり」など知的レベルが高い方が多い一方、「他のスポーツを見たい」や「トレッキングをしたい」など、アクティブな体験を求む回答が想像以上に多いこともわかりました。〝試合観戦＋観光＋アクティブ体験〟は今後のスポーツ大会の大きなヒントになるでしょう。

逆に「日本に対しての心配事は何ですか？」という質問については、一番は英語環境の整備を挙げる人が大変多く、次にワイファイ（Wi-Fi）の問題でした。ワイファイが利用できるのかどうかということです。また「自分たちが食べられるものがあるかどうか」も多く挙げられました。そして「バーがあるかどうか？」。ラグビーファンはそれだけアルコール好きが多いということでしょう（笑）。

２００９年に旧国立競技場でブレディスローカップが開催されました。毎年南半球で開催されている大会が日本にやって来たのです。対戦カードはオーストラリア対ニュージーランド。当然両国の熱いファンが競技場に集まりましたが、なんとハーフタイムでビールが完売してしまったのです。

私は海外のラグビー専用スタジアムにもよく足を運びますが「ビール部屋」という名のビールタ

ンクが置いてある部屋があります。そこからビールを汲み上げる仕組みです。要は日本のように東京ドームで売り子さんが背負って販売するビールタンクでは全然間に合わないということです。

それはなぜか？

キックオフの2、3時間前にお客様はスタジアムに来て、あるいは近くのパブで飲み、試合やチームについてのおしゃべりを楽しんで、試合の30分から1時間前にスタジアムに入る。試合が終わったら再びパブに行って試合の話をする。スタジアム周辺で丸一日を過ごすことが彼らの観戦文化になっているからです。

日本の場合、東京や大阪は心配ないですが、地方のスタジアムに行くと周囲には何もありません。2002年にサッカーでFIFAワールドカップを開催しているスタジアムでも、駅から徒歩15分の間に飲食店など全くないことが問題になりました。

競技場に早く着いても飲む場所があり、試合が終わっても遅い時間まで居酒屋やバーなどが開いている。そんな環境をラグビーファンは求めているのです。

試合前後をどう過ごすか。単に飲むだけでなく、すべてのスポーツにとって観戦文化への対応要素が大事です。外国人向けの受け入れ態勢の充実を今後どう考えるべきか。このようにリサーチしたデータと自分の過去の知見から、特に地方都市に対して今後は提案していくつもりです。ワイファイ整備やクレジット決算機能はもとより、このような観戦文化をリスペクトした環境づくりを開催都市とともに考えていきたいと思います。

またキャンプ地にも実際に足を運びました。これは開催都市とは別に、試合と試合の間、各チームが滞在するための十分な練習施設を持つ都市が必要になります。フィールドおよびジムやプールの状況、宿泊施設などを視察しながら、チームを招聘しようとしている各都市の基本情報を資料として準備しています。

2019年を迎える開催都市やキャンプ地が思い描くような、シティプロモーションに役に立つ活動を2015年から進めており、それを今後は開催都市の支援にも広げていくつもりです。

ただこうしたスポーツインバウンド戦略を考えるうえでは実際に2つの課題があります。

1.「スポーツツーリスト」を通じていかに日本の魅力を海外に発信するか
2.日本に来てもらうための誘客装置として、どのようなスポーツイベントを開催するか、あるいはスポーツコンテンツを紹介していくか

私が所属しているスポーツビジネス推進室は、スポーツイベント単体だけではなく、「スポーツと交流文化事業」「スポーツとツーリズム」などをうまく組み合わせた形の事業体を、これからも積極的に構築していくつもりです。

〔スポーツビジネスの最前線〕

日本の眠っている観光資源をどう掘り起こすか

スポーツツーリズム。

この分野をもっともっと開拓していきたい。ＪＴＢとしても、私個人としても。

日本には有形無形の財産がまだまだあります。掘り起こされていない資源が宝の山のように存在します。最近はその発見者が日本人ではなく外国人の場合が多いです。そしてインバウンドの潜在力は想像以上の好影響を日本にもたらすはずです。

もし、それらとスポーツツーリズムを結びつけられたら、この国のスポーツビジネスの大きな柱となると私は見ています。

ＪＳＴＡ（日本スポーツツーリズム推進機構）という組織があります。私が立ち上げの際に関わったこともあり、日頃から情報交換を行っております。とはいえスポーツツーリズムの大国になるには、まだまだ足りない部分が多いと思われます。

この国でツーリズムを発展させるには、パイオニア役がいくつか存在してほしいです。一つは外国人を含めた観光客を受け入れる環境、また観光客がスポーツをすることができるための環境づくりです。「え⁉　こんなところで、こんなスポーツができるの？」とまだ気が付いていない地域が多いので、しっかりと弊社から提案をして、可能性を知ってもらうプロセスが必要です。

もう一つは、すでにあるスポーツ資源の対象ターゲットを拡大させること。スキーがいい例です。今まで日本人相手ばかりだったのが、今や北海道や信州へ行くと、外国人のスキーヤーのほうが多いゲレンデはいくらでもあります。

ゴルフ場もまた同じです。日本人ゴルファーが減少傾向にあり、ゴルフ関連の各協会も頭を抱えていると聞くなか、インバウンドを受け入れようという方向に移ってきています。ＪＴＢでも自主的に海外のゴルファーに対して日本のゴルフ場をどんどんＰＲしていきます。

インバウンドはとてもわかりやすいマーケットで、仮に年間訪日外国人が２０００万人として１パーセントでも20万人となります。20万人がある特定のスポーツを始めたら、その競技関連や地域がかなり潤うことになります。そこの構図をわれわれで率先してつくっていきたい。

スキーやゴルフが代表的な事例ですが、スキューバダイビングや釣り、ヨットなども外国人が日本でやってみたいと思っているスポーツです。ただし、海洋国家であるものの日本の受け入れ態勢がまだ完全ではないので、整備を急がないといけません。

こういった観点でスポーツを考えられる業態というのは、おそらく旅行会社しかないのではないでしょうか。その意味では、スポーツツーリズムの推進役はわれわれが担うべきではと考えています し、今は多角的に情報をかき集めている最中です。

そのようななかでいくつかの課題がわかってきました。その一つが法的整備の課題です。仮に国際スポーツ大会をある地方で開催したいと考えたとします。体育館を借りたいのですが、体育館は自治体所有なので、その地域の住民の方が優先的に予約できる仕組みになっています。外部の方はだいたい2カ月前からの予約となります。そうすると大会が開けない、あるいは開くタイミングを完全に逸してしまう。1年ぐらい前からスポーツができる場所を確保できる仕組みを、自治体を交えて考えないと現状では大変厳しいです。

私は市町村単独というより「広域連携」という形態もツーリズムの発想から必要だと思っています。自治体間は人為的な境界線が引かれてしまっているので、それらを取っ払って広域でプロジェクトを進めていかないと非効率です。

もっといえば、スポーツツーリストやスポーツをやってみたいと思う旅行者のために「観光圏」ではなく、「スポーツツーリズム圏」というような地政学的な発想があってもいいように考えています。このままでは、地域や地方の眠っているスポーツ観光資源が活かされないままになるかもしれず、非常にもったいないと思います。

この考え方で成功している例としては、「しまなみ海道」のサイクリングです。

しまなみ海道とは四国・愛媛県の今治と本州・広島県の尾道の島々を結ぶ橋のことですが、その側道にサイクリングロードがあります。今ここに台湾からの旅行者がたくさん来ているのです。尾道側と今治側の両方で自転車の乗り捨てができる仕組みを取り入れていますが、こういった連携が各地域でできるようになると、観光客が大勢やって来ます。

旅行者の目線に立ち、仕組みを整えれば、たとえばサイクリング大会を開催しても前後にもその土地に滞留させることができます。近隣の地域の良さも味わっていただける。まさに地方創生につながります。こういう感覚こそが、今後の自治体にとても重要なのだと考えます。

インバウンド戦略は次の段階へ

インバウンド戦略でいえば外国人が参加できるようなスポーツ大会も徐々に増えています。現在実施している大会の弊社の登録サイトも多言語化していて、中国語、韓国語、タイ語などに対応できるようになっています。

先日オーストラリアのスポーツスクールの人と話をしていたのですが、学校が合宿で遠征に行く際、ラグビーのトレーニングで行くとしたらまずはニュージーランドだと。次がイギリス、その次がフィジー、南アフリカとなります。日本などは全く眼中にないというか、行くべきところではなかった。

ところが2015年のラグビーワールドカップ・イングランド大会での日本代表チームの活躍もあってか、学校単位クラブ単位で日本に遠征に行きたいという話が出ているのです。日本に対する世界のスポーツの目が集まってきていると感じました。

またサッカー、野球、ラグビーのようなメジャースポーツも面白いですが、その土地でないと味わえないようなスポーツも注目しています。例えばトレイルランなどは高低差がないとできない。イギリスのような平坦な土地だとできません。実際に日本でトレイルランに参加している外国人が増えているのです。インバウンドの指向も確実に変わってきています。

そういう意味では日本で隠れた「見るべきスポーツ」「するべきスポーツ」が山のようにあるにもかかわらず、リサーチやＰＲの不足が現状としてあります。

ただ日本では人気の誇るプロ野球やサッカーに関しても、残念ながら大きな吸引力のあるコンテンツとしての誘客装置には至っていません。

例えば野茂英雄さんやイチローさん、松井秀喜さんがＭＬＢで活躍するとみんなＭＬＢを観戦に行くわけです。しかし、それ以前は旅行のオプションとしてはありましたが、日本人選手がいなかったので多くの日本人が観戦に行っていたわけではない。同じ理由で、Ｊリーグを見に行こうと東南アジアから本格的に人が来るのはこれからでしょう。東南アジアの選手がＪリーグのピッチで躍動するようにならない限り、これは難しいでしょう。

Ｊリーグの役目の一つとして東南アジアの選手をどのように強化するかという仕組みづくりに期待しています。

インバウンド5000万人以上のプランを今から考えておく

いずれにしても将来日本の人口は1億人を切り、経済的な活力が失われていくのは明らかです。インバウンドが5000万人以上という国家モデルを視野に入れないといけません。2040年なのか2050年なのか具体的にはわかりませんが、観光客のみならず移民なども考えつつ、地域によっては日本人より外国人のほうが多いという状態が生まれる可能性には注目すべきです。スポーツツーリズムも彼らに合わせたような環境を今から考えておくべきなのです。

スポーツホスピタリティの施設も今から考えていかないと継続的なビジネス化というのは難しくなります。施設の面でも〝おもてなし〟は重要な要素です。

「スポーツホスピタリティ」は、実は現在のJTBの注目事業の一つであり、新しい観戦方法ということで、取り組むべきいくつかの要素があります。

まずは、海外、特に欧米ではスポーツホスピタリティという商品は当たり前に存在するという事実です。日本では一部のスポンサーや大会関係者など、主催者から招待状が届くような座席でない限り荷物すら置けないような観戦環境になっており、それ相応の雰囲気をもって観戦できるスペースが正直ありません。残念ながら観戦者の気持ちが最優先になっていません。これは実際にスポーツにお金を払う側への配慮の欠如ともいえます。

JTBとしては、スポーツホスピタリティは、お客様がスポーツ観戦の感動以上のものを持ち帰れる仕組みと考えています。また、商品として観戦できる相応のスペースを提供するのがごくごく自然な流れだろうと考え、事業を進めています。ただ単に観戦スペースを売りますというのではダメです。「もう一度行ってみたい」「繰り返し行ってみたい」「二度とない体験だった」といった感動を商品にしないといけません。そうでないと、高額なお金を支払っていただけるリピーターなんて絶対に現れませんので、そのコンテンツづくりには慎重を期したいと考えています。またホスピタリティのプロバイダーの立場からも、カスタマーサービスの分野ではホテルなどと肩を並べるくらいの、食事やエンターテインメントを組み合わせた高級志向のプロダクトやサービスの提供能力が弊社にはあると思っています。

特殊空間のなかで得た感動というのは、生涯忘れることがありません。ここが大事なのです。例えばある法人が顧客に対して企業説明会や商品説明会を実施しても、距離感が遠く、情報の質が薄くなってしまいます。一方、顧客をＶＩＰルームに招待して、10人、20人規模で試合観戦しながら、スポーツという共有の話題を通してプレゼンをすれば、非常に距離感が近くなり、新たなビジネスへとつながる可能性が高まるでしょう。スポーツツーリズムはビジネスにも充分活用できるものになるのです。

コストセンターからプロフィットセンターへ

観戦スペースの観点では、スタジアムやアリーナという施設の活用も重要な点です。

ただ、一番の課題は国体だと思います。47都道府県を持ち回りで開催し、あれだけ莫大なお金をかけているにもかかわらず、残念ながら施設の在り方はプレーヤー側主体で、観客側の目線ではありません。

ロッカールーム、シャワールームを整備することは別に悪いとはいいませんが、立派な施設を市民に提供しても、誰しもが毎日行けるわけではありません。どれだけリノベーションしてもスポーツイベントを開催できるような観客席がないなど観戦環境が整っていないような体育館では、結果として施工・改築にも維持にもお金を要するだけで利益を生み出すことができないコストセンターで終わってしまうという悪循環となっていることが問題なのです。

「スポーツ」や「観光」などが国策となっている今、ようやくわれわれの出番だと感じています。日本を象徴するスポーツ＝相撲なので、外国人も一度は見てみたいと望んでいますが、国内のスポーツとしてインバウンドにつながるものとしては相撲以外、現在のところうまく見いだせていません。

一方、国際スポーツ大会では自転車競技の「ツール・ド・フランスさいたまクリテリウム」は、ものすごい数の観戦客を生み出しています。さいたまクリテリウム規模の国際大会の誘致は非常にハードルが高いのですが、日本にはもっとこのようなスポーツコンテンツが必要です。

一般的なマラソン大会程度のものを求めている自治体もあれば、国際大会が開けないかと考えている自治体もかなり増えています。国際大会が招致できれば、多数の観戦客も来て、交流事業も発生し、社会的な活性化も図れるだろうという認識の自治体がかなり増えています。「体感するスポーツ」のコンテンツ提案にしても、基本的にはＪＴＢはそれぞれの地域の埋もれている資源をリサーチして、これができるのではないかという提案をする方向で進めたいと考えています。

ただ、どこまで成熟しているかとなると、われわれが、どのスポーツがこの地域にふさわしいかそのすべては判断できません。残念ながら現段階では提案領域にとどまっています。ただ今後、われわれの知見が高まって、ある街に行って地形を見た瞬間に、この街にはこのスポーツがふさわしいという判断ができることが理想だと考えています。

新しいスポーツを開発している協会や団体も結構あると思いますが、それらと連携して提案をしたり、ＪＴＢ単体での提案なども進めています。われわれはそういう意識を持って、自治体と向き合う、協会と向き合う、こういう姿勢を取り続けるべきなのです。

今まで旅行会社は「スポーツ大会を開催するそうですね、選手の宿泊をうちでやらせてください」というビジネススタイルでした。

しかし今後は、「海外の街でこういう大会をやっているので、こちらの街でも検討しませんか」

と言えるような立ち位置にＪＴＢはなるべきだと考えています。それを牽引するのがわれわれのスポーツビジネス推進室なのです。

スポーツビジネス推進室のミッション

スポーツビジネス推進室のミッションは、大型の国際スポーツイベントを通じて、これまでの旅行業界にはなかった新たな領域へと挑戦し、スポーツビジネスにイノベーションを起こすことです。

われわれの力ではスタジアムの立地や周辺ホテルの数や駅の場所など、ハード面は変えられません。変えられない中でやりくりするのが、今までのわれわれのビジネスでした。

しかし、観客が「あのスタジアムの入り口すごく混んでいたよね」「スタジアムの周りでも待たされたよね」と感じるようでは、スポーツイベントの価値が下がってしまいます。観客にとってなるべくストレスがかからないように、こうしたハード面と、スポーツイベントというソフト面を最適な形でコンビネーションさせる必要があります。

そのためにも今後は、スポーツホスピタリティやスタジアムビジネスのアドバイザーとして、施工主に対して提案を行っていくことで、より良い観戦環境の実現に尽力したいと考えています。

スポーツイベント単体で考えるのではなく、スタジアムやその周辺を含めて全体の価値を上げていくビジネスモデルをつくっていきたいのです。

［見据える未来］

スポーツの仕事に取り組んだのは、40歳から

社内でスポーツの仕事に取り組んだのは、私がちょうど40歳の時でした。これまで社内でさまざまな経験を積んだうえで、40歳になって初めて別の世界に飛び込んだというところが大きい。会社のほうも使い勝手が良かったのか、それ以来スポーツに最も近いところで仕事をしてきました。すごくラッキーだったと思うのは、40代後半ごろまではスポーツは社内でも全く見向きもされていませんでしたが、たまたま東京でオリンピック・パラリンピックの開催が決まり、スポーツ庁が立ち上がったことで、社内での注目度も急浮上し、一緒に働く仲間が増えたことです。私としては非常に嬉しい限りです。

スポーツビジネス推進室が立ち上がり、ＪＴＢがスポーツに真剣に向き合っているということが広まるにつれて、スポーツ関連の組織・団体の方との意見交換が多くなりました。ＪＴＢと一緒に

何かできないかというお話もかなり増えています。宿泊やホテル、営業先のみならず、思ってもみなかった方々からいろいろとお話を伺うことができます。ご縁がこうやって広がるというのは、すごくやり甲斐を感じています。

では、スポーツビジネス推進室は今後どう展開していくか。

現在、可視化できている新しい領域は３つあります。

１つ目は海外のスポーツ関連の運営会社との共同事業です。すでにいくつかＪＴＢと一緒に事業をやりたいというオファーがきています。彼らは日本にチャネルがないため、自治体や大手企業などとつながっているＪＴＢにそのような話が来るわけです。一方、われわれにとっても、グローバルな運営ノウハウを手に入れるという面で大きなメリットがあります。

海外の運営会社はお金儲けの方法論が日本と次元が異なります。本当に大きなお金が動きます。例えばスタジアムやアリーナなどもそのコンセプトのもとにできているので、床はすべて平打ちです。スポーツでもコンサートでも何でも使用できるという汎用性が最初から組み込まれています。こういった学ぶべきノウハウを蓄積させたいとも考えております。

２つ目は２０１９年ラグビーワールドカップ日本大会をフックとした種々のスポーツツーリストのマネジメントです。海外にはラグビー専門の旅行会社がたくさんあり、彼らはラグビー観戦ツアーだけで食べていけます。例えばイングランドがニュージーランドへ遠征すると何万人というファンも移動しますから、それだけで1年間分の仕事が成立してしまいます。そういった小さい旅行会社の日本での手配窓口として、ホテルやガイドを手配します。彼らとの接点を増やすことで真のスポーツツーリズム推進の役割を果たしていきたいと思います。

3つ目はスポーツホスピタリティです。日本のスタジアムの中には個室が少ないのですが、JTBとしては、まず2019年のラグビーワールドカップをエポックメイキングな大会として、観戦の在り方、インバウンドのスポーツ観戦者へのおもてなしなど、どうやって取り扱うか、何を用意しなくてはいけないかを徹底的にリサーチしてノウハウを残していきます。

2017年4月、われわれは英国のSTHグループ（Sports Travel & Hospitality Group）が日本国内に設立したスポーツホスピタリティ専門会社であるSTHジャパンへの出資を発表しました。共同で国内における新たな市場開拓に取り組みます。具体的に一つの大きな事業目標としては、2019年ラグビーワールドカップ日本大会において5万名のスポーツホスピタリティ観戦者の取り扱いを目指しています。

2019年が成功すればイコール2020年のノウハウになります。そこまで突き抜けたいです。

オリンピックにはマジックがある

私のキャリアを振り返って、強烈な体験といえばやはり2000年シドニーオリンピック・パラリンピックです。いい意味でショックでした。

まずオリンピックの開幕半年くらい前から街がいい感じで浮ついてくるのです。まるで秋祭り前の自治会の雰囲気です。こちらは受け入れの準備で必死なのですが、オーストラリア人はみんな楽しく準備していました。これも国民性かなと思っていたのですが、みんなの表情や雰囲気を見ていると、どうもそれだけではないのです。

オリンピックやパラリンピックがやって来る。それだけで人の表情が変わり、街の空気が変わる。開催地の人間としての義務感でボランティアをやっているわけでもない。また終了後もオリンピック・パラリンピックをやりきった街に住むプライドは、住民と社会に自信を植え付け、粗野で素朴な印象だった都市から積極的で洗練された都市に変貌しました。これこそがオリンピックの本質なのではないかと考え始めるようになりました。

オリンピックには特別な力、マジックがある。これが私の結論です。

きっと日本もあの時のオーストラリアのように、人々の表情が変わり、空気も変えてしまうことになるでしょう。これは一種の魔法です。

スポーツツーリズム先進国・日本の実現へ

私個人の将来のミッションは何かと聞かれたら、答えは2つあります。

まず2019年ラグビーワールドカップ日本大会を成功に導くこと。ラグビーツーリストのハンドリングとして、彼らの要望にきっちりと応えられるように受け入れ体制を整備していきたい。そしてラグビーを、日本の野球やサッカーに次ぐ競技にしていきたい。それによってラグビーの早慶戦も早明戦も1980年代以上に観客がたくさん来るとか、トップリーグに2万人くらい集まるとか。そういう競技にしていきたいです。

そしてもう一つあります。

日本をスポーツツーリズムの先進国にすること。

欧米はスポーツ目的のツーリズムの割合は全体の10パーセントといわれています。なんと旅行者の1割がスポーツ目的なのです。

日本はそもそも統計がないのですが、おそらく1パーセントから5パーセントくらいの間ではないでしょうか。これを欧米と同じか、それ以上に引き上げる。スポーツの持つ力と旅行の持つ力をコンビネーションさせて、良い体験、良い感動、その人の人生にプラスになる。そういった秘めたバリューをつくっていきたい。まずはその欧米と同様の10パーセントを目指したいと思います。

それを実現させるためには2019年、2020年に地元・日本で開催される国際大会を最大限に活用することです。当然海外からの注目も集まるので、いろんな企業を含めて、日本をスポーツツーリズムの先進国へ導けるよう尽力していきたいです。スポーツツーリズムという旅行の形態がごくごく当たり前のものとなる。スポーツツーリズムを誘因する地域に力がついてくる。この両面でやっていくべきでしょう。

２０２０年以降、真価が問われます。

こういった取り組みを継続していくことによって、サステナビリティなスポーツツーリズムが芽生えていくと信じています。

［トップランナーの哲学］

日本が2020年を迎えるにあたって、世の中ではスポーツに関する情報もたくさん入ってきています。グローバルな視点でもたくさん情報が取れるような環境になっているので、普段スポーツに関わりのない方もぜひ一度、自分の人生観の一つにスポーツを置いていただくと新しい世界が見えてくると思います。自分にとってスポーツとは何か、ということを見直すには絶好の機会ではないでしょうか。

是永大輔

アルビレックス新潟シンガポール CEO
アルビレックス新潟バルセロナ プレジデント
アルビレックス新潟 取締役

「何のために、誰のために、
このクラブがあるのか。
そのことを満たすのに、
何をするクラブなのか」

これなが・だいすけ
1977年千葉県生まれ。日本大学芸術学部卒業。アルビレックス新潟シンガポール CEO、アルビレックス新潟バルセロナ President、アルビレックス新潟取締役。携帯サッカーサイト編集長やサッカージャーナリストを経て、2008年にアルビレックス新潟シンガポールCEOに就任。以降、独立採算で黒字経営を続け、売り上げ規模も10倍へ拡大。シンガポールサッカー協会理事も歴任した。クラブハウスにカジノを併設するなどユニークな経営手法により事業を多角的に展開している。

これからの日本の成長戦略には「いかに海外の国々を巻き込むか」が重要だ。特にアジアとのヒト、モノ、情報の往来はますます増えていくだろう。

２０２５年、ＡＳＥＡＮ全体のＧＤＰは日本を超えると予測されている。アジアでは一般のビジネスだけでなく、スポーツビジネスもチャンスに溢れている。

今から約10年前、単身シンガポールに渡りサッカークラブの経営に携わった男がいる。経営不振に陥ったクラブの売り上げを10倍にまで押し上げた。その秘密は何だったのだろうか。

［現在に至るまで］
やりたい放題チャレンジできる業界

小学1年生からずっとサッカーに明け暮れ、最初のポジションはセンターバック。体が大きかったこともあって、中学生からはゴールキーパーでした。プレーだけでなく、猛烈なサッカーマニアでもあり、サッカー雑誌をボロボロになるまで読み漁る毎日。その結果、サッカースパイクのマニアになるだけでなく、小学6年生の時にはヨーロッパの都市名が２００都市以上スラスラと出てくるまでになりました。この時初めて、サッカーで世界がつながっていることを意識したかもしれません。高校までは部活動に打ち込みましたが、プロになろうとは一瞬も思いませんでした。つまりそのレベル。「他人と同じ人生を歩みたくない！」という選択で日本大学芸術学部に入学。友人たちとサークルを立ち上げてサッカーを続けました。

芸術学部という特殊な環境に流されたのか、ほとんど学校にも行かないままそろそろ卒業という時期。周りも就職ムードはあまりなく、自分にも焦りはほとんどありませんでした。なんとなくレールに乗って就職活動をしてしまうことを毛嫌いしていて、誰とも比較されることのないオリジナルの人生を歩みたい、と強烈に意識していました。「他人に自分の未来を決められたくない、自分のことは自分で決めたい」と。今思えば、何の実績も持っていないのに恥ずかしい限りです。

しかも、卒業する年が２００２年。ご存じの通り、ＦＩＦＡワールドカップ日韓大会が開催された年です。もし、普通に就職してしまったら、日中は事務作業をしているかもしれない。営業で外回りをしているかもしれない。一生に一度かもしれない自国開催のＦＩＦＡワールドカップを生で見ることができない……。

「そうだ、サッカーの仕事をしよう」

根が単純なので、決まったら動くのは早い。

まずはインターネットでサッカー関連の仕事を徹底的に探しました。もちろん当時は今よりもはるかにサッカー業界の求人は少なかったのですが、最終的には携帯コンテンツを運用するＩＴ系の会社にアルバイトで入社することができました。インターネットで告知されていた募集締め切りは1週間も過ぎていたのですが「なんとか面接だけでもさせてください。お願いします！」と電話口で食い下がった結果、面接をしていただくことになり、携帯サッカーサイトの編集の仕事でチャンスをいただくことになりました。いわゆる「伸びる業界」を意識したつもりは特別なかったのですが、偶然にも時代はiモード黎明期。新しい業界なのでルールも慣例もほとんど見当たらない、やりたい放題チャレンジできる業界だったのです。

大学時代から自分のホームページを立ち上げてサッカーの記事を毎日書いていました。もちろん全くの素人の個人サイトですので、誰が読んでくれるわけでもありません。完全なる自己満足。ところが、この会社での業務内容は、サッカーに関する文章を書いたり、校正したり、企画を考えたりすること。学生時代に趣味でやっていたこととほとんど同じことをやってお金がもらえるというのです。これは楽しい、毎日が楽しかったです。

入社早々、ＦＩＦＡワールドカップ日韓大会前から会社に泊まる日々が続きましたが、楽しいことをやっているだけなので全く疲れないし辛くもない。しかし、周りからは身を粉にして頑張っているように見えたのでしょうか。高い評価をいただいて、半年後には正社員になると同時に副編集長、1年後には編集長を拝命しました。そのころには日本最大の有料会員数を有するサッカー専門サイトに成長していました。

次々と海外のビッグクラブと仕事を決める

携帯サッカーサイトの編集長時代、FCバルセロナの本拠地であるバルセロナに取材のためによく通っていました。大学の時に初めてスペインを訪れて以来、ずっと心を奪われている大好きな街の一つです。美しい海、きれいな山、おいしい食事にお酒。さらに天気が良くて、文化と芸術に溢れている。そして何より、最高に楽しいサッカーを見せてくれる。

さらに、1年の3分の1くらいはヨーロッパを中心に世界中を周ってさまざまな地域で取材活動をしていました。1部リーグから3部リーグぐらいまで気の向くままに幅広くサッカーを観戦して、大好きなサッカーの記事を書いて、ヨーロッパ中を旅して、お金までもらえる。もう、最高の毎日でした。時には草サッカーに交ぜてもらってボールを蹴ったりもしていました。

ところが、勤めていた会社がある1部上場企業に買収されることが突然決まりました。「なんとかしなければ、楽しい取材の毎日がなくなってしまうかもしれない」。

知恵を絞った結果、「リアルなビジネスをつくろう」という結論に至りました。

原稿や取材ではなく、きちんとしたビジネスの形態があるもの。そして会社にとって利益もあってブランディングとしてもメリットがあるもの。

「FCバルセロナの公式携帯サイト」というアイデアに辿り着きました。

そこで、まずはメディアの立場を活かしてクラブのスタッフの方にインタビューをしました。これを原稿にする一方で、「日本でのオフィシャル携帯サイト展開に興味はありますか？」と営業活動開始。その後1年半かけて丹念に交渉して……（もちろんこの時にも何度もバルセロナに通ったわけですが）、ついに契約締結となったのです。お互い初めてのことでしたので、クラブスタッフの皆さんにも多大な協力をいただきながら、FCバルセロナの日本語版オフィシャル携帯サイトが完成しました。そして、加入者も順調に伸びていきました。

次に、マンチェスター・ユナイテッドにもファクスを一枚送りました。直接の連絡先を持っていたわけではないので、送信先は誰でも調べることができる代表番号。ほとんど冗談半分で送ったのですが、なんと翌日に返事がありました。早速、数日後にはマンチェスターに飛んで交渉開始。「バルサがやっているのなら……」と、話はとてもスムーズに進み、オフィシャル携帯サイトが完成。するとˎ今度はマンチェスター・ユナイテッドがうまくいっていると聞きつけたリバプールから「ウチもやりたい」と連絡が届き、こちらもオフィシャル携帯サイトを立ち上げることができました。

こうして、携帯サッカーサイトの編集長をやりながら、FCバルセロナ、マンチェスター・ユナイテッド、リバプールという3大ビッグクラブの日本版オフィシャル携帯サイトも運営することになったのです。

当時は恥ずかしいほど何も知らない若造だったのですが、携帯サイトが新しい業界でルールも慣例もなかったことで、臆せず思ったようにチャレンジできたのかもしれません。本当に素晴らしい経験をさせていただきました。

アルビレックス新潟シンガポールの社長就任

その携帯サイトの仕事も順調に進んでいたころ。アルビレックス新潟シンガポールが新しい社長を探しているという話を関係者から聞きました。その場で「やりたいです！」と答えていました。「プロサッカークラブの社長」という職業は、サッカーファンにとっては夢の仕事です。それまで勤めていた会社は大好きでしたし、たくさんのことにチャレンジさせていただいた恩も感じていました。辞めなければならなかったのは辛かったですが、一方で、ある程度やり尽くしていた感覚もありました。

逡巡した結果、「一生に一度はサッカークラブの社長をやりたい」という想いが勝りました。アルビレックス新潟はその多様な活動で注目していたクラブではありましたが、それまで関わりがあったわけではありませんし、もちろんクラブ経営なんてやったこともありません。

まず、独立採算を目指す

2007年11月、初めてシンガポールの地を踏みました。これまで取材などでたくさんの国々を訪れていましたが、シンガポールは初めてでした。

意気揚々と乗り込んだわけですが、初めて目にしたアルビレックス新潟シンガポールから、ポジティブさを感じることはほとんどありませんでした。

シンガポールの方々から見れば日本人は外国人です。その外国人11人が、間借りしたピッチの上でサッカーボールを蹴っている、だけ。極論すればそういう状態です。選手やスタッフに罪はありませんが、見ている方に何かを伝えるような仕組みが存在しなかったように感じました。

もちろん、資金難に苦しんでいたこともその背景にはあったと思います。当時、その補填という意味も含めて、アルビレックス新潟からは毎年数千万円が強化費用として送られてきていました。このクラブが設立された当初の目的は、出場機会の少ないアルビレックス新潟の若手選手を育てる場所。しかし、現実としてシンガポールを経由してアルビレックス新潟で活躍する選手は輩出できていませんでした。そうなれば、アルビレックス新潟にとっては意味のない強化費用が削減されることは時間の問題。実際に、シンガポールからの撤退も選択肢の一つとしてあったと聞きます。

それならば、自分たちでやるしかない。資金難であろうがなんだろうが、「独立採算」で経営しなくてはならない、と覚悟を決めました。

［スポーツビジネスの最前線］

「国際アントレプレナー賞」優秀賞を受賞！

「サッカークラブという特殊な業態でありながら高い評価をいただいたこと、心から感謝しております。日頃から支えていただいている皆様に恩返しをしながら、日本と世界をつなぐ役割を果たし、スポーツの価値を高めるべく、さらに邁進する所存です」

これは、2016年に行われた東京ニュービジネス協議会主催の第4回グローバル大賞において、「国際アントレプレナー賞」の優秀賞をいただいた時のコメントになります。受賞理由は、売り上げのインパクトとビジネスモデルの独自性による成功事例、ということでした。29歳でアルビレックス新潟シンガポールの社長になってから10年。売り上げは就任当初と比較して約10倍になっています。

世界で堂々と戦える若者を育てたい！

"The reason"

アルビレックス新潟シンガポールが、２００８年から続けているスローガンです。「みんなで存在意義をつくっていこう！」を、そのままスローガンとしました。そのことを満たすのに、何をするクラブなのか。選手がいてグラウンドがあって、用具はあります。スタッフもいます。しかし、「誰のための「何のために、誰のために、このクラブがあるのか」が明確ではありませんでした。ステークホルダーを分野ごとにセグメントし、それぞれが「どういうメリットを享受したいのか」を整理しました。

今までのように「アルビレックス新潟で活躍する選手を育てよう」となんとなく呼び掛けても、関わりのない人、興味のない人には何も響かないでしょう。まずは、経営を立て直すための最優先ターゲットである「アルビレックス新潟シンガポールを応援してくれる可能性が最もある人々」、つまり「シンガポール在住の日系企業と日本人」にとって「最も心に響く最大公約数の言葉」をクラブ経営の根幹に設定しました。ここで言う最大公約数の言葉とは、より多くの人に等しく届く言葉という意味です。

辿り着いた言葉が、「世界で堂々と戦える若い日本人の育成」でした。

人口急減、さらに超高齢社会を突っ走る日本。経済、とりわけ内需が急激に縮小することは火を見るより明らかで、「いかに質・量ともに外貨を稼ぐか」が今後の大きなテーマであり、そのために「海外の国々をどうやって巻き込むか」が重要な戦略です。しかし現実はなかなか厳しく、日本の次代を担う20代のパスポート所持者はわずか6パーセントしかいません。「英語が話せない」「面倒くさい」「別に日本でいい」。若者からはそんな声が聞こえてきます。このままでは、近い未来に日本は沈没してしまいます。

そこで「アルビレックス新潟シンガポールの役割は、この社会問題に挑むクラブ」という設定をしたのです。

現役でプレーしている選手たちもいつかは引退する時が来ます。日本に戻る選手が多いでしょう。サッカースクールのコーチ、サラリーマン、あるいは企業の社長になっている選手もいるかもしれません。どういう立場になっていたとしても、周囲の子どもたちに「海外でプロサッカー選手だったんだ」という経験を伝えてあげることが、アルビレックス新潟シンガポールを卒業していった選手たちの役割です。身近な人が海外で活躍していたことを聞いて育った子どもたちは海外へのハードルが下がり、「海外は思ったよりも難しくないのかもしれないなあ」「楽しそうだなあ」「僕もチャレンジしてみたいなあ」と、意識が変わっていくでしょう。すると、海外に興味を持つ若者が増え、パスポートを持つ若者が増え、結果、海外を巻き込んでいく日本人がどんどん増えていくのです。

大風呂敷を広げている、あるいは大ぼら吹きに聞こえるかもしれませんが、これも一つのアルビレックス新潟シンガポールの存在意義だと胸を張っています。

海外クラブの地域密着術

皆さんのご声援もあって少しづつ経営の基礎を固めることができました。さらに拡大する時に重要な存在は、地元のサポーターです。

シンガポールでのサッカー人気は絶大です。プレー人口も多く、週末になればそこら中のバーでプレミアリーグが放送されています。ほとんどの方がプレミアリーグのチームに「心のクラブ」を持っている特殊な環境です。正直、Sリーグをフォローしている方々はさほど多くはありません。現地の新聞の扱いでも、プレミアリーグがトップでSリーグの扱いはその下。シンガポールのみならず、東南アジア諸国で多く見ることのできる現象でもあります。

このような状況で強烈なムーブメントをつくることはなかなか難しいのですが、それでもわれわれの「The reason.」を拡大するためには、地元の方々にご声援いただかなければなりません。そして、その活動は長い道のりであるという覚悟が必要です。

2013年からお客様1人当たり1ドルをホームタウンに寄付する取り組みを始めました。2016年までに7万5000ドル以上をコツコツと寄付してきました。寄付したお金は、ホームスタジアムが所在する自治体とアルビレックス新潟シンガポールが共同で立ち上げたサッカーアカデミーの運営費用に使っています。

現時点でのこのアカデミーの目的は優秀な選手を育てることではなく、スポーツを通して精神的にも肉体的にも健康になっていくことを目指していて、プロサッカー選手を目指している子どもたちだけでなく、健康管理をしたい子どもたちにも好評です。この活動を続けていた結果、２０１６年にシンガポール政府から「PEOPLE'S ASSOCIATION COMMUNITY SPIRIT AWARDS」という栄誉ある賞を表彰いただきました。

9期連続の黒字をどうやって実現したか

代表に就任してから9期連続の黒字。

黒字をちゃんとつくって、ある程度キャッシュフローを積み上げつつ、内外の「信頼」を得ていく。どの企業でも同じだと思いますが、これはいざという時に大きくお金を使える準備でもあります。

大きな転機はクラブハウス内でカジノを始めたことでした。シンガポール政府から正式に認められた事業で、この収益はサッカークラブの運営に使用しています。現在では総収入の約67パーセントがカジノからの収益になっています。

また、「アルビー食堂」という飲食店も経営しています。一般のお客様も利用できる食堂で、日本食ブームもあってなかなか繁盛しています。最近ではスポンサーの新潟米も販売しています。

どこの国のどこのリーグでも、競技だけの収益で安定的に拡大していくことが難しいのがサッカークラブ経営だと思っています。逆に、サッカーという言葉の範疇をどれだけ拡大解釈できるのか、ということもクラブ経営者として重要なことだと一連の経験で学びました。

Sリーグクラブ初のスポーツ振興基金を設立

２０１６年の11月8日、スポーツを通じたシンガポールと日本の文化交流を目的とした「ALBIREX SPORTS DEVELOPMENT FUND」を設立しました。この基金は、もともとお世話になっているシンガポールという国、新潟という地域にスポーツを通じて還元したいという想いからスタートしました。

初年度となる２０１７年はシンガポール人の子ども2名を新潟へ派遣して、日本のサッカーや他のスポーツを体験してもらい、日本の文化や食も感じてもらうプログラムを準備しています。彼らの体験が拡散されることで、さらに日本と日本スポーツへの注目が高まることも期待しています。将来的には新潟の子どもたちにシンガポールへ来てもらうことも考えています。

海外リーグに参戦して見えてきたもの

チームの戦い方やコンセプトはすべて監督に任せています。就任前やシーズン開始前に考え方や方向性などについて共有することはありますが、それ以降は一切ピッチ上の仕事に口は出しません。プロフェッショナルの仕事へのリスペクトという理由と、責任の所在は明らかにしておかなければならないという理由があります。

その上で、世界のサッカーと日本のサッカーについて思うこともあります。本来、サッカーというスポーツは「どちらかのゴールにどれだけゴールをしたか」を争う単純な競技ですが、海外のリーグと比較して日本のサッカーは、妙にプロセスにこだわっているように感じることがあります。

確かにFCバルセロナのような流麗なパス回しを哲学として持っているチームもありますが、あれは極めて稀なケース。どこの国でも、少しでも早くゴールに近づくスタイルを基本としているチームがほとんどです。そして、ボールの着地点で待ち受けている能力の高い選手がドスンと試合を決める。極論すればこれが勝つための最短距離だということは、世界が共通して持っている認識です。

ではその認識に立って、日本とシンガポールの懸け橋を自認するアルビレックス新潟シンガポールがSリーグでどんなプレーをするのか、どのようにピッチで表現するのか、そのためにどのようなトレーニングをするのか。指導者の皆さんとのディスカッションは実に興奮します。

2016シーズン、ついに四冠を達成！

2016年は忘れられない年となりました。

アルビレックス新潟シンガポールは念願だったリーグ優勝を果たしただけでなく、全冠制覇を成し遂げました。全冠とはSリーグ、リーグカップ、シンガポールカップ、コミュニティシールドの4つのタイトル。シンガポールサッカー史上、前人未到の快挙でした。

2016年は日本とシンガポールの外交関係樹立50周年という記念すべき年。ぜひとも結果を残したいシーズンです。また、ローカルチームの外国人枠が5人から3人に減少。さらに、われわれのホームスタジアムも人工芝へと生まれ変わりました。追い風です。

「ここは勝つしかない！」

力を入れた選手編成にも成功した感触がありました。少なくともリーグ戦は開幕前から優勝できるという確信がありましたし、全冠制覇についても開幕前から公言する程度の自信はありました。鳴尾直軌監督をはじめとした現場のスタッフだけでなく、クラブが一丸となって目標に邁進しました。だから、最後のタイトルであるシンガポールカップに優勝した瞬間は、なによりホッとした感覚でした。

2017シーズンについても少し触れておきます。

理念として多くの日本人選手にチャンスを与えたいので、2016年のメンバーから8人の選手しか残していません。例年通り、海外リーグ初体験の選手たちが大多数を占めています。監督も海外初挑戦です。しかし、それでもやっぱり強いというところを見せたい。日本はすごいんだな、どんどんと若いタレントが出てくるんだな、というところを見せたい。２０１７年の開幕戦、見事にチャリティーシールドを獲得した直後の記者会見で吉永一明監督がコメントしていましたが、「日本の選手育成のレベルの高さを示したい」のです。

〝アルビレックス新潟バルセロナ〟の誕生

どれだけの若者を世界に羽ばたかせることができるか。

２０１３年8月、スペインのカタルーニャ州。サッカー文化発信地の一つであるバルセロナに、新たに「アルビレックス新潟バルセロナ」を立ち上げました。

ここでのミッションはシンガポールとは異なり、〝世界に羽ばたく国際人を育てる〟という目的。サッカー選手ではなく、サッカービジネスやスポーツビジネスに携わって世界で活躍する人材を育てるために設立した留学プログラムで、候補者は男女どちらでもＯＫ。経験や年齢やスキルもバラバラ、基準はありません。約10カ月の留学期間でたくさんのカルチャーショックを受けて、視野を広げて価値観をぶち壊してほしい。そしてとにかく、アルビレックス新潟バルセロナを経て世界で活躍する日本の若者を増やしたいのです。

プログラムには、週15時間のスペイン語会話レッスンと、1年間を通したリーグ戦、著名な指導者によるサッカートレーニング、取材研修、企業研修などが含まれます。現在では「バルセロナフットボールアカデミー」とプログラム自体の名前を変えてさらにコンテンツを充実。スポーツビジネス、指導者、メディア、マネージャーと現地で学ぶ4つのコースを加え、専門的かつ実践的なプログラムで、世界で堂々と戦う人材を輩出しています。

実際、アルビレックス新潟バルセロナの卒業生たちのその後の活躍は、ユニークそのもの。バルセロナにそのまま残っているある卒業生は、スポーツマネジメント会社を起業し、またある卒業生はスペインで指導者に。さらに和食レストランで働き始めた卒業生もいます。日本に帰った卒業生も、メガバンクに就職が決まったり、商社で働き始めたりと、バルセロナでの留学経験を自分の人生に活かしてくれています。既に4期目に突入していますが、卒業生同士は、世代を超えてネットワークをしっかりと築いています。

バルセロナでから揚げ屋さん、始めました！

カタルーニャ州4部リーグで優勝争いを繰り広げるほどに成長しているアルビレックス新潟バル

セロナですが、今後さらに盛り上げていくためにはどうするのか。そろそろ次のステップに進まなければなりません。

そもそもわれわれはスポーツビジネスを中核とする企業ですから、現地で最初からサッカービジネスを展開する場合は、まずは人件費と経費がマイナスの状態からスタートします。ですので、送り込んだ担当者が自分自身でそれらを回収する意識で仕事をしなくてはならなくなります。現地でのサッカービジネス界隈には競合も多いですし、なかなか最初からうまくはいかないでしょう。すると、自分の給料を自分で稼がなければならないことが鮮明になり過ぎてプレッシャーがかかり、小さなスケールの施策しか打てず、結果、担当者が思うように能力を発揮できないケースに陥ります。だから、発想を逆転させて、サッカービジネスとは関係のない飲食店（から揚げ屋）を2017年から始めました。この飲食店で出た利益をサッカービジネスのほうに回せれば、サッカービジネスの継続性も出てくるのでは、という取り組みです。

1号店の場所はカンプ・ノウ（FCバルセロナのホームスタジアム）から徒歩5分の市場の中。観光客よりも現地の方々で賑わっている場所です。スポーツビジネスの観点でも「カンプ・ノウから徒歩5分のところにお店を持っている」というキーワードは相手にとってグッとくるに違いありません。開店直後ですので今のところ苦戦をしていますが、まずはスタッフ1人分の人件費を稼げるようにして、その後はバルセロナ、そしてヨーロッパでのスポーツビジネスを拡大していきたいと考えています。

そういう意味でもヨーロッパ事業のスタート地点にバルセロナが最適な場所だったと感じるのは、解像度がどこよりもクリアだということです。「バルセロナ＝サッカー」は、世界のほとんどの人が最初にイメージする関係性。しかし例えば、パリ。パリにもパリ・サンジェルマンなど素晴らしいクラブがありますが、最初に「サッカー」を思い浮かべる人はほとんどいないでしょう。しかし、バルセロナでは、この街が持つ特別なイメージにレバレッジをかける形で事業をスタートさせることができるのです。

私たちの失敗 ～カンボジアでの挫折～

アルビレックス新潟シンガポールは、バルセロナ以外にも海外進出をしています。その一つがカンボジアでした。

カンボジアのスポーツビジネスは、まだまだ更地のような状態です。もしかすると、荒れ地かもしれません。しかし、この地においてわれわれがクラブ経営で大成功を収め、日本のスポーツビジネスのクオリティの高さを示すことができれば、「アルビレックスがカンボジアで成功できるのであれば、ウチもどこかで展開できるのではないか」と日本から次々とスポーツで世界進出を検討する企業が増えるのではないか。つまり、アルビレックス新潟シンガポールが日本のスポーツビジネスを牽引するロールモデルになり、スポーツビジネスを日本の輸出商材の一つとして成り立たせる可能性があるのではないか……。スポーツビジネスに携わるものとしては、心が奮い立つ事業です。

ところが、結論から言いますと、2015年にはチームの活動停止が決定しました。戦ったのは2014年の1シーズンのみ。圧倒的な計画倒れでした。

苦しんだのは特に、資金。例えば、メインスポンサーを探してお願いに回った時、ある企業に金額を提案すると「その金額なら幹線道路にたくさん広告看板を立てられるね」と言われました。まさにその通り。日本やシンガポールに比べればそれほど大きなスポンサーフィーを提案したわけではありませんが、カンボジアではその金額でたくさんの宣伝ができるのです。また、現時点ではサッカークラブにそれほどの広告宣伝効果もありません。

もう一つの撤退の理由は、サッカー協会の運営キャパシティ。2014シーズンの開幕は3月と聞いていました。まだ時間に余裕があったので、前述のスポンサー探しやチーム編成なども3月開幕を想定してスケジュールを組んでいました。ところが、前年の12月中旬。急遽「開幕を1月に早めた」と伝えられ、目の前が真っ暗になりました。慌ててアマチュア選手をかき集めてプロ契約。チーム編成をしましたが、寄せ集めのチームで勝てるわけもなく、2014年度は1勝しかできませんでした。悔しくないわけがありません。「来シーズンは絶対勝ってやろう!」と気持ちも入れ替えて、3月の開幕に合わせてチームづくりをしました。するとまた2月中旬に連絡があり、今度は「開幕を7月に延期した」と伝えられたのです。その間の選手への給料やトレーニング会場、イベントなどはどうなるんだ……。結局、それがトドメとなり、カンボジアからの撤退を決断しました。

誤解のないようお伝えしますが、カンボジアサッカー協会の皆さんにもとても前向きな方がたくさんいらっしゃいます。しかし、一企業としてリーグに参戦することは時期尚早。所属する選手やスタッフに対して責任を持ちながら運営を継続するのは難しいと判断しました。

カンボジアの失敗は大きな教訓となりました。

カッコつけて、社会を背負って事業を起こしたつもりになっていたのです。シンガポールで成長して、バルセロナに進出して「さあ、次はどこだ？」といった調子でした。

ミャンマーで見えた、新しい光

追い風であろうと向かい風であろうと、風さえ吹いていれば、帆を正しい方向に張って事業を前進させることができるのですが、カンボジアにはまだ風が吹いていませんでした。同時に、風が吹いていない場所に無理矢理風を吹かせることは難しいということも痛いほどわかりました。まずやるべき仕事とは風を吹かせることではなく、風の吹いている場所で正しく帆を張ることだったのです。

その後も、風が吹いている場所を探し続けました。そして見つけたのが、ミャンマーです。

２０１４年に進出したミャンマーでの活動は、サッカースクールとＣＳＲ（Corporate Social Responsibility／企業の社会的責任）活動、そしてアカデミーの三本柱です。サッカースクールは主に日本人が対象です。ＣＳＲ活動では月に2、3回、地方に赴いてサッカー教室を開いています。現地スタッフの頑張りもあり、どちらも順調に伸びています。

そして、アルビレックス新潟ミャンマーでは、アカデミーが特徴的な活動です。おそらく日本で一般的に言われているアカデミーとは少々趣が異なっています。

現在、ミャンマーで3つしかないうちの1つのろう学校の子どもたちに、企業からご協賛をいただいて、現地スタッフが週3回サッカークリニックを開催しています。これが、われわれの言うアカデミー活動です。アカデミーのあるメアリーチャップマン（Mary Chapman）というろう学校は全寮制です。全員が耳の不自由な生徒たちですので、安全面も考慮して学校の外になかなか出ることができません。

ところが、です。現地スタッフがサッカーを教え始めて1年が経ったころでした。子どもたちから「試合がしたい」という声が上がってきて、初めて大会に出場することになりました。大会当日はバスを借りて、郊外の試合会場に向かいました。そう、彼らはサッカーと出会ったことによって、なかなか出ることができない学校から飛び出すことができたのです。

さらに、２０１６年12月4日から第1回ＡＳＥＡＮデフサッカー大会が開催されました。そこになんと、アルビレックス新潟ミャンマーの子どもたちがミャンマー代表チームとして大会に出場したのです。会場はマレーシアのクアラルンプール。つまり彼らは、サッカーと出会ったことでついに国境すら飛び越えたのです。サッカーと出会わなければ、彼らは一生飛行機に乗ることはなかったかもしれません。パスポートを取得することもなかったかもしれません。もちろんクアラルンプールの高層ビル群を目にすることもなかったでしょう。サッカーと出会ったことが、彼らの人生を大きく変えたのです。

そして、アルビレックス新潟ミャンマーは、このアカデミーの選手たちからいつかミャンマー代表選手を輩出したいと思っています。

経営の要諦は〝ストーリーづくり〟

ミャンマーでは「奇跡」のような展開が続きました。アルビレックス新潟ミャンマーの活動と将来の夢を説明に回ると、ミャンマーでナンバー1のシェアを持つビールメーカー、ミャンマー・ブルワリー（Myanmar Brewery Limited）と、アカデミーとＣＳＲ活動のメインスポンサー契約を締結することができたのです。

個人的に、今回の契約に素晴らしく価値を感じている部分は、私たち外国人の展開していたアカデミーやＣＳＲの活動が、現地の企業から大いに評価を受けたということです。これまで、シンガポールやカンボジアでも日系企業の皆さんにスポンサーとして応援していただくことは数多くありましたが、現地企業にメインスポンサーになっていただくことは初めてです。そういった意味で、将来に向けて大きな一歩を踏み出すことができたと思っています。

［見据える未来］

なぜ多くの組織はダメになっていくのか？

自分自身がビジネスにおいて、最も大事にしているのは組織づくりです。信頼できる人を集めて、その信頼している人たちにどれだけ委ねられるか。事業の成否は、そこに大きく関わっています。

逆に、以下の3つのケースで組織はダメになります。

1．既得権益
2．当事者意識の欠如

3. 達成感

逆に言えば、この3つを組織から排除することで、組織も個人も自然と育つのです。

例えば、既得権益。アルビレックス新潟シンガポールを例にしますと、会社が順調に成長してきたならば、いつまでも「是永商店」であってはなりません。企業が社長の器を超えるためには、他のスタッフが主体的に業務に向き合って課題を解決していくことが必要です。仮に是永大輔の存在が既得権益とみなされるのであれば、身を引くべき。大切なのは個人ではなく企業活動です。

当事者意識の欠如、という問題はどう解決するか？　これは難しくありません。みんなを当事者にしてしまえばよいのです。責任を持って、数字を持って、業務にあたってもらう。これが一番です。

また、達成感がある人は、上昇志向を忘れてしまっている状態の人です。大体においては、業務がルーティーンにはまってしまっていることから生まれます。その場合は、全く違う別の経験をしてもらいます。働く場所と周囲の人を変えることが、達成感を打ち消すためには最も有効だと思います。

最高の戦略は〝競争しないこと〟

すべからくビジネスとは、アービトラージであると思っています。日本語で言うと「せどり」ですね。場所、年齢、時間、文化……など、それぞれの要素によって、世界では全く同じものにも価値の高低があって、それらの間をつなぐことでビジネスを生む、と考えています。これは、スポーツの世界にも当然あります。

例えば、日本とシンガポールの関係でいえば、日本のほうがサッカーのレベルは高い。だから日本ではプロになれなかった、あるいはプロから弾かれてしまった日本人選手たちには、シンガポールで活躍の場所を提供することができます。しかも活躍すればさらに条件が良いクラブに移籍することも可能です。だから、シンガポールでは「世界で戦うサッカー選手」ということを事業にできるのです。

しかし、同じことをバルセロナでやっては成立しません。日本よりバルセロナのほうがサッカーのレベルが高いわけですから、「バルセロナに学ぶ」という要素を取り入れた留学プログラムが事業として成り立ちます。それがアルビレックス新潟バルセロナであり、バルセロナフットボールアカデミーなのです。

「人生の成果＝情熱×時間」

最後に。

「人生の成果＝情熱×時間」だと思っています。当たり前ですが、情熱を傾けられることでないと時間をかけることはできません。そして、時間をかければ必ず成果は出ます。だから、特に若い人たちには好きなことだけやってほしい。キライなこと、苦手なこととは向き合わなくてもいいんです。楽しんで好きなことだけに時間をかけていれば、いつの間にかキライなことや苦手なこともクリアしているはずです。

いま現在、好きなことがない人、情熱を傾けられることがない人。いらっしゃると思います。しかし、安心してください。皆さんはまだ、それらに出会っていないだけです。

だから、出会いましょう。

世界のどこかには必ずそれらがあります。万が一、世界で見つけられなければ、宇宙に必ずあります。

旅に出てください。

探し求めて、追い求めて、楽しんでください。

［トップランナーの哲学］

人口減少、超高齢社会の日本。今後はアジアをはじめ世界を巻き込んでいくしか生き残る道はありません。とにかく海外へ行こう！　海外で働ける人材になろう！　あなたにも情熱を傾けられるものが、きっとあります。

日置貴之

スポーツブランディングジャパン
マネージングディレクター

「スポーツには社会の課題を
解決する力がある。
その力を最大限引き出すのが
スポーツビジネスパーソンの仕事」

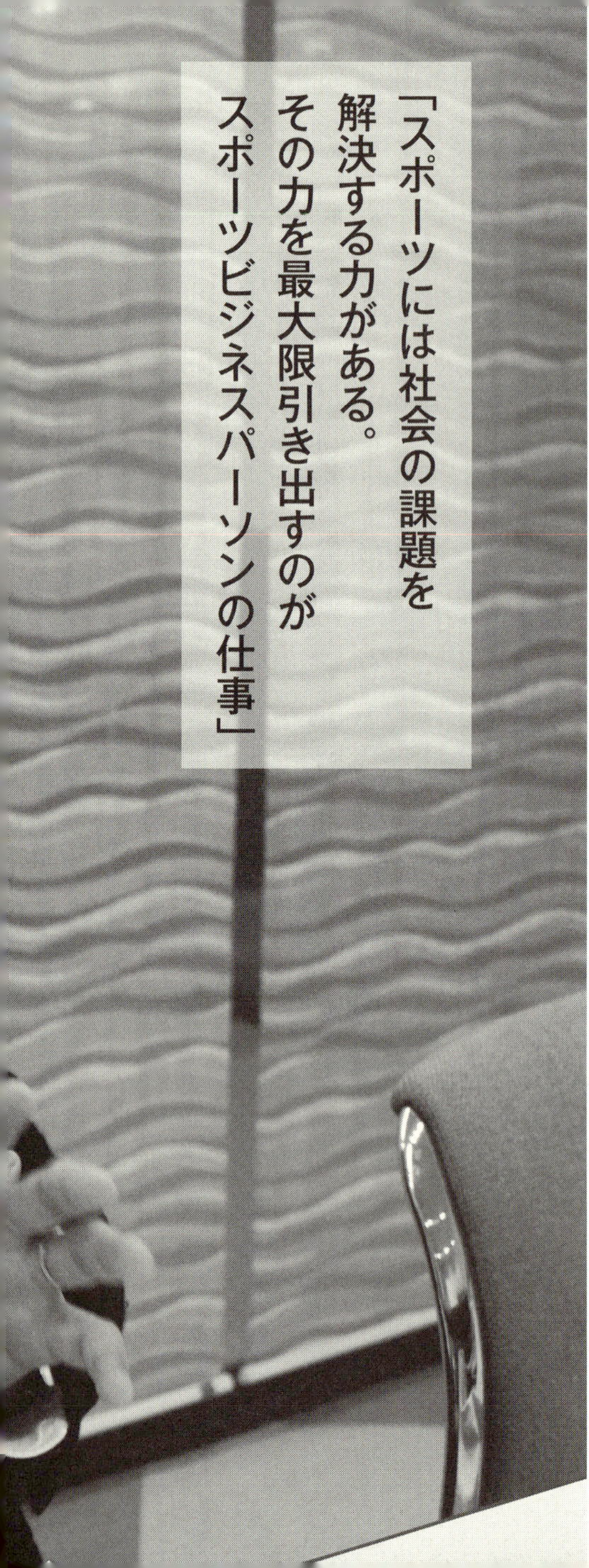

ひおき・たかゆき
大学を卒業後、株式会社博報堂に入社、その後FIFA Marketing AGに転職し2002年FIFAワールドカップのマーケティング業務を行う。2003年にスポーツマーケティングジャパンに入社、日本ハムファイターズの北海道移転におけるブランディング、北京オリンピック野球予選大会の大会責任者、また海外ではセリエA、NFL、NBA、WWE、UFCの日本におけるマーケティングやデジタルメディアの業務を行う。2009年よりアジアリーグアイスホッケーのH.C.栃木日光アイスバックスの取締役GMを務め、チームの再建およびリーグの再建に携わる。2013年よりNFL JAPANリエゾンオフィス代表も兼務。また、2015年より東京オリンピック・パラリンピック競技大会組織委員会のセレモニーチームのプロデューサーとして2016年リオオリンピック・パラリンピック閉会式の「フラッグハンドオーバーセレモニー」のプロデューサー業務、東京2020オリンピック・パラリンピック競技大会における開閉会式のプロジェクトマネージャーを務めている。

Takayuki Hioki
×
Sports Branding

世界は「8分間」に驚愕した。

流麗な国歌から始まった2016年のリオオリンピック閉会式の「フラッグハンドオーバーセレモニー」。最新のAR（拡張現実）技術、斬新な音楽と演出、安倍晋三総理大臣の登場など、東京2020オリンピック・パラリンピックに向けて最大のPRとなった。

仕掛けたのはNBA、NFL、WWE、UFCのアジアでの支店業務などで実績を残してきたスポーツビジネス界の次世代のホープ。彼の目には、日本のスポーツビジネスの未来が映っている。

［現在に至るまで］

ジャーナリスト志望。留学直後に「夢」は「絶望」へ

もともとはジャーナリスト志望だったんです。

上智大学では文学部新聞学科、交換留学で学んだコロンビア大学でもジャーナリズム専攻でした。でも、アメリカ留学で「夢」は「絶望」に変わりました。日本のジャーナリズムの現状が酷かったからです。

コロンビア大学では最初の授業で「ジャーナリズムの役割は権力の監視」「社会の代弁者であれ」と教わりました。

でも、日本のジャーナリズムはその役割がほとんど果たせていないように思ったのです。新聞記者が政治家と食事に行ったりしたら、アメリカのクオリティペーパーでは即クビです。ところが日本では記者が自慢話にしている。スポーツメディアでも省庁の委員に入っている人がいます。スポーツ取材でパスをもらって嬉しがっている人もいます。

残念ですが、日本のジャーナリズムの実状に希望を見いだすことができませんでした。

「日本でこの仕事はできないな……」

随分と、本当に随分と悩みましたが、結論としてジャーナリストへの道を諦めました。卒業後は親友の誘いもあり博報堂に入社しました。これがスポーツビジネスと出会うきっかけとなったのです。

英語もロクに話せないのにＦＩＦＡの職員に

高校時代はアメフト三昧でしたが、上智大学では一転してラクロス部に入りました。そこである人物と出会いました。現在、日本コカ・コーラのマーケティング部門で活躍されている渡邉和史さん。通称カズさんです（ずっとこう呼んでいるので、このままで通させてください）。ラクロス部で出会ってからすぐに仲良くしてもらい、お互いの家で遊んでいました。彼はこの書籍にも登場しています（「マーケティング／渡邉和史」の項）。

大学卒業後に博報堂に入りましたが、これも先に入社していたカズさんからの誘いでした。この会社はいい。仕事は面白いし、給料はいいし、モテるからと（笑）。入社3年後の2001年、FIFAのマーケティング会社、FIFAマーケティング（FIFA Marketing AG）の職員となったのですが、これも先にFIFAに声を掛けられていたカズさんからの誘いでした。翌年にFIFAワールドカップ日韓大会を控えて、空前のサッカーブームに沸く日本。まるで夢のような話でした。

カズさんとは、FIFAマーケティングに入社してからはまさに師弟関係でした。弟子である私に海外ビジネスの基本を教えてくれただけではなく、大勢の外国人スタッフへの紹介や、契約書の読み方、担当することになった仕事の経緯など、彼は徹底的にFIFAでの仕事を教えてくれたのです。

私はカズさんのもとで、海外でのビジネスのやり方、基本的な作法、メンタリティを身に付けることができました。だから、お世話になったどころのレベルではないです。カズさんは本当にバイカルチャー、バイリンガルな仕事ができるとんでもない人です。スーパーなインターナショナルビジネスマンであり、大和魂を持った人生の兄貴でもありました。今の私の存在は兄貴である彼を抜きに絶対に語れません。

プロレス団体WWEの「レッスルマニア」で衝撃を受ける

そして2002年FIFAワールドカップ日韓大会開催の翌2003年、FIFAマーケティングの日本支社が解散となり、当時の日本支社長であったケネス・ケン・バーガーが設立したスポーツマーケティングジャパンにそのまま移籍しました。

ケン・バーガーは、その後10年以上、会社を共同経営することになったもう一人の師匠であり、もう一人の兄貴でもあります。彼との話は後ほど紹介しますが、このスポーツマーケティングジャパンは今、私がやっているスポーツブランディングジャパンの前身の会社になり、多くの仕事はケン・バーガーが最初に開拓した仕事です。

スポーツブランディングジャパンの業務は大きく2つあります。一つは海外のスポーツ団体の日本におけるビジネスパートナーとしてさまざまな活動をサポート、つまり「日本支社」のような機能を持つ業務で、もう一つは日本のスポーツ関連企業やチーム、リーグに対してリーグやクラブの経営や運営に関するコンサルティング業務です。

海外ではすでに体系化されていて、成功を収めている運営ノウハウやファン開拓手法、デジタルメディア戦略でも、日本では知られていなかったり、うまくやれていないことがある。海外のスポーツビジネスからそういった知識を獲得し、それを国内で還元・循環していく。日本でローカライズする際に日本のマーケットの理解がさらに深まり、その知識を海外のスポーツ団体の日本におけるビジネスに活用するというエコシステムで会社が成立しています。

現在弊社はＮＦＬやＮＢＡ、またアメリカのスポーツメディア最大手のＥＳＰＮなどとお仕事をしていますが、ＦＩＦＡを離れて最初に私が携わった仕事が、世界的に大人気のプロレス団体ＷＷＥでした。約7年間どっぷり担当させてもらいましたが、私の「スポーツビジネス」の考え方を形成するきっかけとなりました。そして「スポーツエンターテインメント」に初めて触れることができました。

２００３年からＷＷＥの最大のイベントである「レッスルマニア」の業務を行っているのですが、レッスルマニアは8万人規模のスタジアムで開催され、チケットが数万円から数十万円、有料放送で全米に放送されるとんでもないイベントです。スタジアムには見たこともない大きさのステージが設置され、きらびやかなライトや花火、ライブコンサートのような音響設備のなか、ＷＷＥに所属するスター選手（スーパースターと呼ばれる）が登場するとお気に入りの選手のＴシャツを着てサインボードを掲げている何万人ものファンが一斉にチャントをする。5時間近いアスリートによる「ショー」を目の当たりにして呆気にとられました。

ＷＷＥのステージはきらびやかである一方で、ＷＷＥのビジネスをつくっている方々は本当にすごい人たちばかりでした。社員のほとんどの方が全米のトップスクールのＭＢＡホルダーや、前職でＮＢＡやＮＦＬなどでしっかりビジネスキャリアを積んできた方ばかり。映像制作もハリウッドさながらの自社スタジオで行います。ＷＷＥは州ごとに分かれていたプロレス団体を買収し全米で活動する団体となり、テレビではペイ・パー・ビュー（PPV）のシステムを活用して有料放送を主軸とするビジネスモデルをつくり上げたのです。

またWWEが1999年にニューヨーク証券取引所に上場を果たした際のコメントは驚くべきものでした。「私たちは（スポーツ団体ではありますが）シナリオのあるショービジネスです」と堂々と宣言したのです（笑）。最近では最高経営責任者（CEO）ビンス・マクマホンの妻で共同創業者であるリンダ・マクマホンのドナルド・トランプ政権での中小企業庁長官就任が話題となりました。彼女もビンスと同じく敏腕経営者です。とにかく今でもWWEは私にとっての「スポーツエンターテインメントビジネスの原点」だと断言できます。

［スポーツビジネスの最前線］

オリンピック閉幕式の舞台裏は綱渡りの連続

直前のプログラム変更、放送設備の不具合、降り出した雨……。

2016年のリオオリンピック閉会式「フラッグハンドオーバーセレモニー（オリンピックフラッ

グの引き継ぎ式）」は、次の開催地の東京に大会旗が引き継がれる大事な式典です。私はこのセレモニーの責任者の一人でした。

日本を最大限にアピールする舞台の裏側は、数秒ごとに判断が求められ緊迫した状況の連続でした。キャリアのなかでも一番困難な仕事といっても過言ではありません。

２０１５年、私は東京オリンピック・パラリンピック競技大会組織委員会のセレモニーチーム・プロデューサーに就任しました。最初の仕事は２０１６年のリオオリンピックの閉会式で行われる、次の開催国の紹介をする式典である「フラッグハンドオーバーセレモニー」とその後に続く日本紹介パートである８分間の「芸術パート」のプロデュース業務でした。

開催の18カ月前からこのセレモニーのコンセプトを作成し、制作チームを選定、演出内容を検討し、実際にセレモニーを行う。18カ月という限られた時間でゼロから立ち上げ、メディアを通じて東京・日本の魅力を全世界に発信する仕事です。こうやって振り返っているだけで吐き気がしそうな重い任務でした。

私の仕事は美術パートの制作チーム、東京２０２０オリンピック・パラリンピックの組織委員会、ＩＯＣ、ＯＢＳ（オリンピック放送機構：国際映像を制作する会社）、リオオリンピック組織委員会、リオ大会の閉会式の制作チームの真ん中に立ち、プロデューサーとして全体の調整をすることでした。事案によって制作チームの要望を押し込んだり、妥協点を見つけたり、代替案を考えたり、ゼロから解決策をつくったり、絵コンテを描いたこともありましたし、カメラ位置の調整や衣装のチェックなどもしました。もう本当になんでもやりました。

おそらく自分がこの仕事に選ばれたのは国際スポーツイベントの権利構造がわかっている、パワーバランスがわかっている、世界的なスポーツイベントはだいたい見ている、という経験に加え、大企業に属していないので身軽だという立ち位置、そして、どこの国でも生きていけそう、図々しい、という性格的要素も見透かされていたのかもしれません。確かに他にそのような要素を満たした候補者はいなかったのかもしれません。

オリンピックの仕事を受けるかどうか、実はかなり悩みました。自分はセレモニーのプロではない。ここまでの大規模のものを仕切るのも初めてです。それに私はもともと……オリンピックが大嫌いだったんです。アマチュアリズムも中途半端ですし、スポーツの大会であれば各競技の世界選手権やワールドカップも行われていて、それらの大会に対する選手のモチベーションも高い。オリンピックにはスポーツとは違った愛国心の戦いの部分もあり、スポーツの大会として何を目指しているのかがわからなく釈然としないところがあったのです。

ところがある一言で、気持ちが一変しました。

「日本はこのままいくとダメになる！」

２００２年ＦＩＦＡワールドカップ日韓大会以来ずっとお世話になっている電通の槙英俊さんの言葉でした。「日本人を勇気付けないといけない。１９６４年の東京オリンピックは実はスポーツではなかった。インフラが完成した後、次に『何か』を起こすためのものだった。世界で仕事をしているお前がオリンピックに加わらないというのはどういうことか！」と説教されました（笑）。それまで私はオリンピックを単にスポーツの大会だと捉えていたのですが、考え方が大きく変わり、セレモニーチームに参加することを決めました。

「安倍マリオ」は、こうして誕生した

数カ月後、いよいよセレモニーチームが始動しました。ですが、制作過程はまるで羅針盤のない船のようなもの。誰も過去にそれをやったことがありません。ケーススタディも開催地域によって全然違い、あまり参考になりませんでした。

課題が山のように押し寄せてきました。2015年12月に舞台となるリオデジャネイロのマラカナンスタジアムに視察に訪れたのですが、「え⁉　ここからフィールドにすべての舞台装置を入れるの？」と、6メートル×5メートル程度の搬入口一つしか使えないことに驚かされました。そんなこともあり、スーパーマリオの土管を登場させるという発想につながりました。会場の設備では、その後も二転三転します。不確定要素が多数あるなか、どこでどう落としどころを見つけていくのかが仕事のポイントとなりました。まぁ、ブラジルのお国柄というのもあるのでしょうが……。

さらに難題とぶつかりました。本番会場で一度もリハーサルができない……普通はありえないで

すよ（笑）。床の素材、照明の当たり方、頭のなかで何度もイメージして、要所要所でリスクヘッジを考えるしかありませんでした。しかも練習で使える場所は軍事施設であり、照明も音響も床材もなく、芝生の上でかろうじて実際のサイズのフィールドで練習ができる場所でした。

ただ、なんといっても最大の課題は安倍晋三内閣総理大臣の登場でした。

そう、話題となった「安倍マリオ」です。

実はこれは森喜朗組織委員会会長からポンっと出たアイデアがきっかけなんです。

「誰をマリオにするか？」、当初から制作チームでずっと議論してきました。日本を紹介するフラッグハンドオーバーに総理が出演するのはアイデアとしてすごく面白い。ですが私が危惧したのは、日本のメディアはきっと国威発揚のプロパガンダにオリンピックを利用したとして「ヒトラーのオリンピック」と呼ばれる1936年のベルリンオリンピックあたりになぞらえて、安倍総理がスポーツを政治利用していると面白がって書き立てるのではないか、という点です。十分予想できることでした。

後は国家のトップとしてのリスクマネジメントです。セレモニー直前まで何が起きるかわかりません。もし、急に日本で災害が起きれば総理はトンボ帰りとなります。IOCにも出演する旨の筋を通しておかないといけませんでした。

また、実は閉会式前日の夜中3時まで、翌日の首相へのブリーフィングに備え、私がマリオの衣装を着て飛び出し方の練習をしていました。さらに万が一、安倍総理が登場できない場合も考えなくてはならず、背格好が安倍総理と同じだという理由で私がマリオの格好でステージに立つバックアッププランもありました。もちろんその場合はマリオの衣装は脱がないという設定ではありましたが、これは今だからこそ笑って語れることですね（笑）。

ＡＲ（拡張現実）技術を駆使した演出も、世界中がアッと驚いたと聞いています。当初はＡＲ技術もＯＢＳはやらせてくれないだろうと懸念していました。ＡＲ画像を入れる、それ自体ＯＢＳからすれば放送時間の一定枠を第三者に委ねることになるからです。ＯＢＳが撮影した映像を第三者のパソコンに渡す→ＡＲの映像を合成したものをＯＢＳに返す、という作業です。もしも放送事故が起きればすべてＯＢＳの責任となり、世界の何十億人の視聴者がその放送事故の目撃者になります。

全体で3時間の式典のなかでのたった8分のセレモニー。しかもオリンピック開催地リオデジャネイロのものではなく、次の開催地である東京のイベントです。たかだか8分の「東京のＣＭ」にＯＢＳは絶対にリスクを負わないと踏みました。ですが、次の東京２０２０オリンピック・パラリンピックにとってテクノロジーやイノベーションというのは大きなテーマです。世界中に日本の技術をアピールする絶好の機会、やったほうがいいという意見が大勢を占めました。

最初はＡＲについてはもっと壮大なビジョンを見せる計画でしたが、結局リオオリンピックでお見せしたのは一つの「妥協点」なんです。実は本番2時間前のリハーサルで失敗していて、直前までやめるべきか否かというような胃が張り裂けるような判断を強いられました。ＯＢＳからのやり取りの最後の言葉は「原因はわかっている。俺たちを信じろ」。そう言われたらやるしかないと思い切って勝負に踏み切りました。双方がそれまでの長い道のりで全力を尽くして本気でぶつかり合ったことで、そこまでの信頼関係を築けたことは今でも誇らしく感じています。

そして制作チームのメンバーや組織委員会の仲間も本当に素晴らしい、心から信頼できる仲間でした。最高のクリエイティブチームとそれを支える自分を含めたビジネスチームの関係は、強いスポーツクラブのチームとフロントの関係と同じかもしれませんね。

なぜ、「奇跡の8分間」を演出できたのか

ＮＨＫ「クローズアップ現代」でも、セレモニーの舞台裏が特集されて反響を呼んだようです。「日本の底力を見た」「これまで見た閉会式のなかで一番良かった」「２０２０年が楽しみになった」など視聴者から多くのメッセージが届いたそうです。

今回ここで初めて書いていますが、当日のマラカナンスタジアムの舞台裏はこのようにまさに綱渡りの連続でした。準備にかける時間が短かったことと前例がなかったことで、最後までどうなるかわからなかった。仕掛けた当事者としては戸惑いとギリギリの判断の連続でした。顕在化しているものなら解決策はありますが、顕在化していないものは解決が難しい。前例のないことなので、

そこが一番怖かった。

多くのステークホルダーと同時に物事を進め、国際的な交渉を交わし、現場では瞬間瞬間の臨機応変さが求められる。ある意味、スポーツビジネスの要素がすべて詰まっていたのかもしれません。

［見据える未来］

「ファンサービス・ファースト」の重要性

目指すべきスポーツビジネスとは何なのでしょうか？

その本質とは何なのでしょうか？

私にとってその答えとなる仕事があります。

日本で唯一のプロアイスホッケーチーム「H.C.栃木日光アイスバックス」が債務超過に陥り、2009年から4年間、GM兼取締役に就任して経営再建の指揮を執りました。

アイスホッケーは全くの素人でしたが、4年で結果を出すと決めて栃木県日光市へ向かいました。就任当初は選手やスタッフの給料の未払いや取引先からの債権の回収など資金繰りも大変で、競技どころではありませんでしたが、アリーナを満員にするため、地域と連携したり、ファンと向き合うなどの地道な施策に、スタッフのみならずチームの選手や監督にも全面的に協力してもらって、現在、借金は完済。チーム力も強化され、日本一、アジアリーグ準優勝ができるほどの強豪チームになりました。

35歳から38歳の時に、一つのチームの経営を任せてもらえたことは、本当に素晴らしい経験になりました。チケット1枚を売ることの難しさ、スポンサーはなぜスポーツにお金を払うのか、何を求めてお客様はスポーツを観戦するのか、選手の目標は何か、10年後の日本のアイスホッケーはどうなっているべきか、小さい都市でプロスポーツクラブはやっていけるのか、勝利とは、スポーツビジネスとは。どれもとても大事なテーマではありますが、特に強く感じたのは「お客様と向き合うこと」の大切さでした。

オリンピック関連のニュースでよく「アスリート・ファースト」という言葉を聞きます。もちろん、アスリートがいなくてはスポーツは成り立たない、彼らのパフォーマンスこそがスポーツの価値の源泉であることに異論はありません。

しかし一方で「見る人＝お客様」との向き合い方についてどれだけ掘り下げた議論ができているか、またどれだけその価値が重要視されているか疑問を感じます。

少なくともプロスポーツチームは「アスリート・ファースト」と同じか、それ以上に「ファン・ファースト」が大事だと思います。ここでいうファンは、スタジアムに来ている人やサポーターという狭義の意味ではなく、スポーツに接触する可能性があるすべての人々という意味です。スポーツビジネスは単にいい試合を見てもらうことが価値ではなく、お客様の課題を解決すること、要するにお客様との向き合いが本質ではないでしょうか。

２００４年からブランドアイデンティティ開発のクライアントである北海道日本ハムファイターズは、「ファンサービス・ファースト」を球団の行動指針に掲げています。徹底したファンサービス、ファンクラブ制度設計、ライト層や年１回でもテレビを通じて試合を見てくれている人もファンと定義し、すべてのファンにファイターズの価値を提供するという姿勢があらゆる行動に通底しています。

ブランディングで非常に大事なのは、お客様とどのように向き合い、どのように見られたいかをしっかり考えることだと思います。お客様の記憶の集積体といいますか、さまざまな接点を通じて織り成されたクラブとお客様の精神的な絆の太さのようなものです。お客様一人ひとりがクラブ、選手、目の前の試合に「自分だけの意味付け」をしているのですが、クラブはそれに応え、意味付けに見合う価値を還元することが求められます。クラブにとって勝利は最大の成果ですが、試合に負けても約束できる価値を高めることこそが大事だと考えます。それはファンサービスであり、観戦環境の整備であり、選手の最後まで諦めないひたむきさであり、そこでしか会えない仲間たちの存在（コミュニティ）です。そしてクラブがたとえば観光、健康、教育、医療、雇用など、なんでもいいので地域の課題を解決し、地域にとって「なくてはならないもの」になることこそが永続的なクラブの価値となるはずです。

高品質のアスリートという「原材料」を「チーム」として商品化し、マーケティング＆ブランディングによってしっかりと売って利益を上げ、その利益を地域に還元し、雇用を創出し、より高品質の原材料を育て、顧客のニーズに合ったさらに良い商品をつくり出す。これはビジネスとして普通のことだと思います。ただ、商品の価値を「勝敗」に委ねたり、原材料の品質保持にばかり費やしているとなかなかビジネスは育たない。

スポーツビジネスの本質を教えてくれたある日系人ビジネスマン

アイスバックスの仕事が軌道に乗った後、2013年にシンガポールに渡りました。3年間、国際的なスポーツビジネスの世界から遠ざかっていたので、またスポーツビジネスをゼロからやり直そうと思ったからです。シンガポールには多くの国際的なスポーツ団体やデジタルメディアの本社があるため、シンガポールへの引っ越しはベストの選択だと思いました。

シンガポールにいたのは私の師匠で人生の兄貴でもある前述のケネス・ケン・バーガーです。

ケン・バーガーはアメリカ最大手のスポーツビジネス企業であるIMGでキャリアをスタートさせ、1999年に当時ヨーロッパ最大手のISLに転職し、2002年FIFAワールドカップ日韓大会の際のＦＩＦＡマーケティングで日本支社長を務めた人物です。ちなみにＩＳＬは２００１年に破綻しましたが当時のＩＳＬの社員はその後、世界中のありとあらゆるスポーツ関連団体に転職し、現在はトップエグゼクティブポジションに就いています。

彼の設立した会社スポーツマーケティングジャパンへ移ったのは２００３年、そこから約７年間彼のもとでスポーツビジネスの多くを学びました。そのなかで私の胸に刺さった彼の一言は今も忘れられません。

「You Have To Pay Me」

君はお金をもらいながら私のもとでビジネスを学べる。なんて素晴らしいんだ。むしろ君がお金を払うべきでは?、と。

半分冗談ではありますが、お金をもらって働く意味と雇い主が何を考えて私を雇うのかを考える非常に大事な教えになりました。今ではブラック企業的発想と言われるかもしれませんが、当時の私はケン・バーガーのもとで身を粉にして最前線のスポーツビジネスを学ぶべきか、大金を払ってアメリカの大学でＭＢＡかスポーツビジネスを学ぶべきか悩んでいましたが、その悩みが解決しました。

自分は給料に見合う価値を提供しているのか?

そこから自問自答を繰り返す生活が始まりました。一番下っ端の自分がこの会社、この業界で生き残るためには何をすればいいのだろう?　２年後、５年後、10年後にはスポーツビジネスは何が主流になっているだろう。

そう思いながら当時始まったばかりの携帯課金サービスに目を付け、無価値と思われていたデジタルメディアの権利を世界中のスポーツ団体からロイヤリティベースで契約し、課金型のモバイルコンテンツサービスとして展開しました。また、２００８年の北京オリンピックにおける野球の予選の放映権およびマーケティング権を取得し、大会のフォーマットや開催地を変更することで商品価値を高め、３日間で平均40パーセントの視聴率を獲得しました。キューバやバルセロナに長期滞在して大会を運営、翌年は台湾にほぼ転勤状態で大会にすべての時間を費やしました。

自分で仕事をつくり、販売し、運営し、利益を上げ、次なる仕事につなげる。

当たり前ですがそのすべてを滞りなく行う力を20代の時から付けられたのはケン・バーガーのおかげです。

そしてそういう努力を彼は本当にフェアに評価してくれました。２００８年の誕生日にケン・バーガーからもらった誕生日プレゼントは、「契約書」でした。そこには私に会社の数十パーセントの株式を譲渡した上で、スポーツマーケティングジャパンの共同経営者になってほしいという旨が書かれていました。お金ではなく、本当に努力が報われビジネスマンとして評価されたと感じた瞬間でした。

同時に、この時すでにケン・バーガーは会社売却の話を進めており、自分もそのサポートをしていました。そしてその数カ月後、会社は予定通り売却されたというオチです。その後、同じ志を持ったスポーツブランディングジャパンを私が運営していくことになります。

今でもケンのことは本当に兄弟のようで、完全に利害関係がありません。前述のカズさんもケンのもとで働いていてとても親しく、私たちは例えるなら3兄弟のようです。一番上が10歳年上のケンさん、その次がカズさん、一番末っ子が私でしょうか（笑）。それくらい深くて濃い関係です。

日本のスポーツビジネス界には、人材の流動性が不可欠

今後の日本のスポーツビジネス界はどうなっていくでしょうか。

２０１９年のラグビーワールドカップ、２０２０年の東京オリンピック・パラリンピック、２０２１年の関西ワールドマスターズゲームズが開催されるこの3年間は「ゴールデン・イヤーズ」と呼ばれていて、スポーツにお金が大量に流入し、雇用も増えるなど、多少の変化が起こるとは思います。ただ問題はヒト・モノ・カネが適切なバランスで循環するかどうかです。

日本のスポーツクラブやリーグはいまだに「フィールド・マネジメント」の側面が強い傾向にあります。しかし、スポーツビジネスの世界の外部から内部への人材の流動性を活発化させて、経営やエンターテインメント領域、カスタマーエンゲージメントといった「ビジネス・マネジメント」を強化していかないと、これ以上の発展は難しいでしょう。

もちろん十数年前よりはスポーツビジネスの世界に素晴らしい人材が入ってきてはいますが、日本のスポーツ業界の給与は一般的に低いこともあり、そういった素晴らしい人たちは本社からお金をもらっているか、数年でスポーツビジネスから離れてしまう傾向が強い。プロ野球の球団代表や、Jリーグのチェアマンやクラブの社長は数億円もらってもいいのではないかと思います。その代わりビジネスの結果で評価され、どんどん流動していけばいい。それがスポーツビジネスの活性化に直結します。上のレイヤーが動けば全体が動く。

今の状況が不健全なのはスポーツの仕事をやりたい人は山ほどいるにもかかわらず、トップマネジメントや部門長より上のレイヤーの人材の流動性が低いから結局若手の多くは上にあがれません。そして若手に対して十分な教育をせず、組織が硬直化して成長をしていないようにも思えます。

GMなどを育成する機関も多くできてきましたが、「誰に対して教えていくか」が肝要です。私は海外の教育機関のように、ある程度ビジネスの経験を積んだ人がキャリアチェンジをする時に行く大学院機能があるものなら大賛成です。

大学を卒業してそのまま大学院に上がり、チームにインターンで来た途端に最初の挨拶で「改革には痛みが伴います。最新のスポーツデータ技術を駆使してクラブの経営を変えていきます」と上から目線で言い放った人がいました。その人は数カ月で「もっとビッグクラブで活躍したい」と言って辞めたのですが、また別のクラブに行っても、すぐ辞めてしまい、スポーツビジネスの世界からいなくなってしまいました。

スポーツビジネスは人の心に触れる仕事です。お客様と向き合うこと、個人ではなくチームで仕事をすること、そして過去の歴史や努力を否定せずに敬意を払い、個別の状況にあったタイムラインで仕事をすること、そういったことがわからないとどんなに知識があっても無駄になってしまいます。

スポーツビジネスは特別なビジネスではない

スポーツビジネスは特別なものではありません。

だから興味のある人は一般的な企業でしっかりと経験を積み、そこから飛び込んでほしいと思います。また、今スポーツビジネスの世界にいる人たちは人材の流動化を促し、素晴らしい人材が活躍できる環境をつくらないといけないと思います。日本のメディアもそうですが、そこで働いているることを「特権」ではなく「責任」と捉え、社会起業家的な意識を持って仕事をしていくべきだと思います。

若い人はどんどんチャレンジしてほしいですし、世界に出て行ってほしい。世界規模ではスポーツビジネスはとんでもないスピードで進化していますし、活躍の場はいっぱいあります。

後は、「どの組織で働いているか」に満足するのではなく、「どんな価値を自分が生み出せるのか」

「どんな難しいことにチャレンジしたのか」が大事だと思います。

［トップランナーの哲学］

日本のスポーツビジネスはまだまだ未開拓の領域に溢れています。だから前例のない新しいことにチャレンジして、新しい価値を生み出し、人々の生活を楽しく、豊かにしていくことが、スポーツに関わる私たちの使命だと考えます。

山下修作

株式会社Jリーグマーケティング 専務執行役員

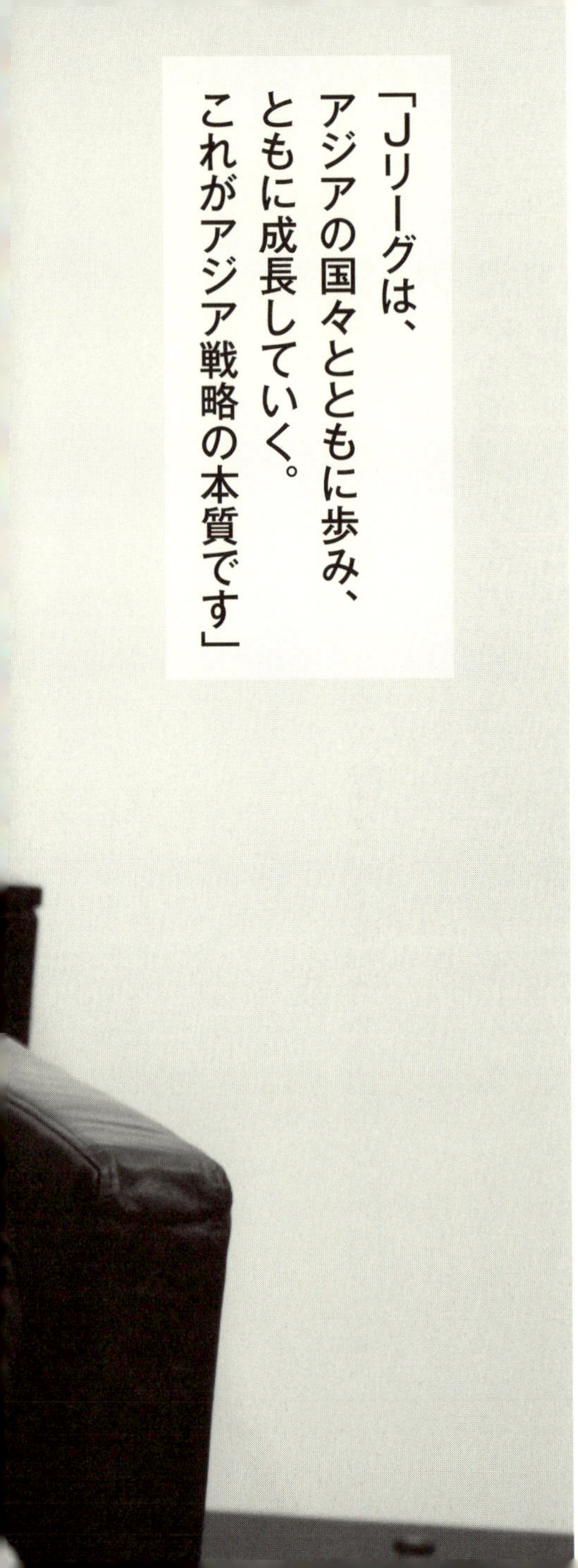

「Jリーグは、
アジアの国々とともに歩み、
ともに成長していく。
これがアジア戦略の本質です」

やました・しゅうさく
1975年生まれ、埼玉県出身。北海道大学大学院修了。リクルートで営業、編集、企画、新規事業立ち上げ、ウェブメディアのリニューアル、プロモーション、マーケティング等に携わる。2005年より、Jリーグ公認ファンサイト「J's GOAL」の運営やJリーグのウェブプロモーション事業に従事。2012年より、Jリーグアジア戦略室室長としてアジアを中心とした国際戦略を展開。2016年よりJリーグ国際部長、本格的にアジア戦略を推進する。2017年4月より株式会社Jリーグマーケティング専務執行役員。国内および海外事業を手掛ける。

Shusaku Yamashita
×
Asian Strategy

2013年、コンサドーレ札幌にベトナムの英雄レ・コン・ビン選手が移籍。初登場したスタジアムの熱狂的な歓迎は今では語り草となっている。また、彼の活躍見たさにベトナム人が大挙して札幌を訪れ、地元企業とベトナム企業とのビジネスマッチングも急激に進んだ。プロスポーツがもたらした新しいビジネスの形だ。

Jリーグの進むべき道は〝アジア〟にこそある。彼らは短期間でプロ化に成功した日本のノウハウと育成システムを欲している。日本は新しい市場を開拓する必要性がある。この蜜月は始まったばかりだ。

[現在に至るまで]

村井満Jリーグチェアマンとの不思議な縁

私は1975年、埼玉県の川越市で生まれました。

現在は公益社団法人日本プロサッカーリーグ、いわゆるJリーグの国際部で働いています。同じ川越出身では、村井満・現Jリーグチェアマンがいます。村井とは不思議な縁でつながりました。

子どものころからサッカーが大好きで小学1年生からプレーし始め、北海道大学へ進学してからも体育会で続けていました。大学ではキャプテンも務めました。理系で大学院までいったのですが、どうもこの道で就職したくないと思ってしまい、一般の文系就職で就職活動をしていました。

そのなかで受けた一社がリクルートです。その時の面接官が、なんと当時リクルートの社員だった村井だったのです。

私は札幌南高校のサッカー部の指導をしており、面接で東京に行くたびに指導を休んでいたことを大変申し訳なく思っていました。リクルートでは内定までに実施する面接回数が学生によって異なっていたので、あと何回面接をすれば終わるのかもわからない。

それにもかかわらず、「お前、川越出身か。俺もだよ」というやり取りに始まり、当時のサッカー日本代表監督だったフィリップ・トルシエ監督と川越の話しかしませんでした。面接自体はかなり盛り上がった50分間ではあったのですが、最後に「じゃあ、また」とだけ言って部屋を立ち去ろうとする村井をすかさず呼び止めました。

「ちょっと待ってください。私はこの面接のために、子どもたちにサッカーを教えるのを休んで北海道から来ています。それで、トルシエ監督と川越の話しかしないで、じゃあまたって言われても……。こうしたことを何度も繰り返すのは子どもたちにも失礼ですので、この場で内定を出すか、落とすか決めてください」

思わず本音をぶつけてしまいましたが、そうしたら「あー、じゃあ内定」って（笑）。その場で内定をいただくことになりました。そしてこの瞬間に、村井が最終面接官となったのでした。今も昔も決断の早い方です。

それから15年後。お互いサッカービジネスに全く関係なかったのに、その面接官がチェアマンになり、自分の上司になるというのは不思議な巡り合わせです。

リクルートに入社した後は、村井とは全然接点がなく、仕事も一緒にしていません。村井がJリーグの社外理事になったのは２００８年で、その数年後に、私がアジアを回るようになって、ばったりベトナムで会うみたいなことがありました。その際に「実はあの時、こういう面接を受けていました」と面接の思い出話をしたところ、「そうだったっけ?」と返されました。

リクルートに入社したのは２００１年です。当時のリクルートは兼業ができたので、２００４年10月にシーグローバル（SEA Global）という会社に参加しました。２００５年1月にリクルートを卒業し、２００５年4月にシーグローバルからジェイリーグ映像株式会社（現株式会社Jリーグメディアプロモーション）に出向という形でJリーグの仕事に携わるようになりました。

そこでウェブサイト運営、映像販売、番組制作、プロモーション等を担当しました。自分にとって非常に大きな経験となったのは、日本全国を回り、スタジアムに行って写真を撮り、サポーターの話を聞くことができたことです。

当時撮影して今でも大好きな写真があります。２００８年に、当時J２所属のモンテディオ山形がJ１に昇格した際に、アウェイの愛媛のスタジアムで試合後に嬉し泣きしているおじさんの写真です。「これぞJリーグの存在意義だ」と実感できた写真で、撮影しながら目頭が熱くなり涙が流れてきたのを覚えています。地域の人たちが喜ぶことをより広げていくため、Jリーグが存在するのだと直接肌で感じました。

私はこうやってアジアにハマりました

Jリーグメディアプロモーションとしての仕事は、最初はJリーグ公認ファンサイト「J's GOAL」やJリーグの公式サイトの運営をしたり、「J2白書」という書籍にも携わらせていただき、リーグのプロモーションも含めていろんな業務をやらせていただきました。

Jリーグメディアプロモーションでは毎年1回、新規事業の提案をする会議がありました。当時社長だった小西（孝生）から「J1の各18クラブへ5000万円の分配金を捻出するために、合計9億円の利益を上げられる事業を始めたい。何かアイデアはないか？」と投げ掛けられ、その答えとして考えたのが「アジア各国リーグのコンサルティング事業」でした。

これが私のアジアでの業務のきっかけとなりました。その後、アジアでの業務にどっぷりハマっていくことなど当時は考えもしませんでしたが。

9億円の利益となると、利益率が10パーセントの事業であれば、売り上げは90億円が必要になります。90億円の売り上げを上げるのは相当難しそうだなと思ったので、なるべく利益率が高いビジネスモデルにする必要がありました。一方、当時、大きな影響を受けたのはリーマンショックです。クラブのスポンサーがつきにくくなっていました。私が運営を担当していたJ'sＧＯＡＬを含めて、Jリーグ全体が厳しい営業環境にありました。

ところが、です。

そのころにアジアを旅行したのですが、アジアはリーマンショックもなんのその、元気の溢れる表情でいっぱいでした。

アジアは確実に伸びている。

アジアでのリアルな体験を通して帰国後、前述の新規事業提案会議で、あまり深く考えずに提案しました。その内容が「アジア各国のプロリーグに対して、Jリーグが開幕から培ってきた、強化・育成、リーグ・クラブの運営やマーケティングなどのさまざまなノウハウを売るコンサルティング事業を始めましょう」というものです。ところが、あまりに自社がやっているビジネスとかけ離れていたのか「ふ〜ん」といった空気が会議に流れました（笑）。ここで終わったかなといった状況でした。

しかし、それから半年ほど経ち、「もう一度提案しよう」と考え直しました。確かにJリーグは開幕からの約20年で大きく成長しました。しかし、ヨーロッパはそれ以上の成長を果たし、その差はどんどん広がっています。今後、日本の経済成長が鈍化していくことを考えると、今までのビジネスモデルではJリーグは行き詰まってしまうのではないかという危機感を覚えるようになっていました。であれば、これまでのJリーグのビジネスとかけ離れていようが、新しい事業に取り組んでいくべきではないかという使命感に駆られるようになっていたのです。

自分はまだまだアジアのリーグをよく知らず、知識はインターネットや本で得ただけのレベルでした。自分にとってリアリティのない情報をもとに人に話しても、判断するほうも判断できません。まずは現地のリアルな状況を見ようと思い立ちました。まず最初に訪れようと思ったのがタイです。当時、ASEAN（東南アジア諸国連合）各国のなかで、タイが一番成長していると聞いていたので、2011年1月にタイのバンコクで行われる、前年のリーグチャンピオンとカップチャンピオンが戦うスーパーカップを見に行きたいと思いました。

ただ、当時は「タイでの試合を見に行きたい！」という理由だけでは当然出張が認められませんでした。そこでなんとかタイに行き試合を見るための施策がないかを考えました。

当時、Jリーグのプロモーションの一つに、「Jリーグ特命PR部」という企画がありました。サポーターの人たちにSNSを使ってJリーグのPRを一緒にしてもらうというものでした。

そのPR活動の一環で何をしようかとメンバーと話をした時に、サポーターから着なくなったユニフォームを募り、それを海外の子どもたちに寄付するという案が挙がりました。そこで、ユニフォームの寄付先をカンボジアに決めました。当時は日本とカンボジアに直行便がなかったのでタイ経由でカンボジアに行くことになります。帰りにタイに寄れば試合が見られると思ったのです。

実際、募集を開始したところ、たくさんの善意のユニフォームと熱い気持ちのこもったお手紙が届きました。カンボジアの貧しい村に届けたいなと思っていたのですが、ＮＰＯやＮＧＯの団体に連絡しても、なかなか受け入れてもらえませんでした。でも善意のユニフォームはどんどん集まってきます。最終的に締め切った段階でも、まだユニフォームの行き先が決まっていませんでした。タイで試合を見たい日は決まっていたので、そこから逆算してカンボジアへの渡航日も決めて航空券も買っていました。このままでは４５１枚も集まったユニフォームをアポイントなしで持って行くしかありません。

そんなころでした。リクルートの先輩で、プルデンシャル生命保険で働いていらっしゃる川田修さんが書いた「かばんはハンカチの上に置きなさい」という本をたまたま読んでいたら、最終ページに「この本の印税は全額、カンボジアで独りで小学校を建てられた中村利夫さん運営のＮＧＯ『トローバイク小学校応援団』に寄付します」と書かれてあったのです。すぐに川田さんに「紹介してください」と連絡しました。後日、中村さんのご自宅に伺い趣旨を説明したところ、「私が建てた小学校に持って来てください。現地で案内してくれる人を紹介します」と言っていただき、やっと善意のユニフォームの行き先が決まりました。

ただ、４５１枚を梱包して飛行機に預けようと思ったら、超過料金が28万円かかることが判明しました（笑）。でもそこからいろんな人と交渉して、タイ航空が超過料金を無償にする協力をしてくれて、無事ユニフォームを持って行くことができたのです！　現地に持って行くと子どもたちは本当に喜び、素敵な笑顔を見せてくれました。日本でタンスの奥に眠っていたユニフォームが場所を変えると、こんなにもたくさんの笑顔につながるんだ。自分はまだまだ気が付いていないJリーグの価値があるなと感じられた瞬間でした。そして、この帰りにタイのサッカーを見て、自分で動画や写真を撮ったり、レポートを書いて、社内で見せたところ、そこまでやるなら真剣に考えてみようと言われたのです。その結果、２０１１年の４月に新規事業開発プロジェクトという名前で、アジアの調査がスタートしました。

ちなみにユニフォームを現地に持って行く活動は現在も続けており、累計３０００枚を超えています。

アジアサッカーの驚天動地の面白さ、楽しさ、熱さ

アジア戦略の調査として、ＡＳＥＳＮのほとんどの国へと回り、現地でサッカー関係者やメディア関係者に話を聞きました。驚いたのは、会う人会う人が王族や政界・財界のトップクラスの方々ばかりだったことです。東南アジアではこうした人たちがリーグを運営したりクラブを所有していて、どこの国に行っても、「かつて自分たちより弱かった日本はなぜ強くなったのか？」とJリーグに対してすごく興味を持っていました。

ビジネスの商談で会うのは非常に難しいような方々でも、「サッカー」というキーワードがあれば会える。この人脈をJリーグだけにとどめるのは非常にもったいないと感じました。スポンサー企業や自治体につなげるほうが、日本という国の視点で見ると、より価値があるのではないかと考えるようになったのです。そこである日、社内でこう提案しました。

「Jリーグのノウハウを無償でアジアに提供する、でいこうと考えています」と切り出すと、

「えーっ⁉　お前がノウハウを売るというからスタートしているのに、どういうプランを考えているんだ⁉」と、当然すぎる反応が返ってきました。それでも、お会いした方々の話や背景を説明したら、確かにこの方向性でいけるかもしれないという流れになったのです。

ノウハウを無償で提供する代わり、Jリーグやクラブを支えてくださるスポンサー企業や自治体が海外に進出する際に、現地の有力企業を紹介してもらうわけです。そうすることでスポンサー企業や自治体が利益を上げることができれば、Jリーグの存在価値が高まり、将来的にはスポンサー料の増額や新規契約といった収入増にもつながる、といった予測に基づいた判断です。

実際、数億円単位でノウハウを買うと言ってくださる方々ともお会いしました。しかしヨーロッパに目を向ければ、年間で何千億円もの収入を上げているリーグもあるわけで、1国あたり数億円でノウハウを売っていても永遠に追いつくことはできません。であれば、良好な関係性を築いていくほうがメリットが大きいと考えるようになったのです。

Jリーグのアジア戦略室、ついに誕生！

２０１２年1月。こういった流れのなか、ついに株式会社Jリーグメディアプロモーション内に「アジア戦略室」が立ち上がります。Jリーグのメンバーを含む4名でスタートしました。ただ立ち上げ当時は、海のものとも山のものとも全くわからない状態でした。

Jリーグは公益社団法人です。公益社団法人のなかで新たに組織化したり、予算をつけるとなると手続き上時間がかかるので、「株式会社のなかで新規事業の投資としてやっています」と対外的にわかりやすいように、アジア戦略室は立ち上がりました。

当時はヨーロッパとの差別化ということを非常に意識しました。ヨーロッパのクラブがアジア遠征を行って地元チームと試合をしたり、各地でスクールを開催したりしていますが、彼らは「アジアからいくら稼げるか」というような観点で見ているように感じられました。

そうではなく、日本はアジアと〝ともに〟成長していきたいと考えていました。しかし、結局は日本もヨーロッパと同じ、アジアを食い物にする存在だと思われる可能性もある。ヨーロッパとは決定的に違う〝何か〟を最初に示しておきたかったのです。

そこで、各国リーグと公式に提携を結んで、記者会見を開くという結論に至りました。Jリーグが進めていることは、この国とアジアの発展のためであると定義づけることで、ともに成長していきたいという考えを明らかにしたかったのです。

そうして2012年の2月、Jリーグはタイと提携を結び、初めてリーグ単位で海外のリーグと提携することになりました。Jリーグがアジアの大海に大きく船出した瞬間でした。

［スポーツビジネスの最前線］

アジアの国々とともに歩む覚悟を持てるか

もはや私にとってライフワークともいえる、Jリーグのアジア戦略。

果てしない可能性があるアジア。さらに一段這い上がろうとしているアジア。新時代を迎えているアジア。Jリーグは、このアジアの国々とともに歩み、ともに成長していく。これがアジア戦略の本質です。

当初、強化・育成のノウハウを無償で提供して「相手の国を強くしてどうするんだ⁉」と言われたこともありました。しかし日本代表がFIFAワールドカップに出場してもなかなか勝てない理由の一つとして、決してレベルが高いとはいえないアジア地区予選と、世界の強豪がそろう本大会では、戦い方を変えざるを得ないことがあります。3年間はアジア仕様で戦い、本大会の出場権を獲得してからの1年間で世界仕様へとモデルチェンジを図る。地区予選のレベルが高いヨーロッパや南米では4年間、世界仕様で強化を図れるわけで、この環境の違いは日本だけが努力して埋まるものではないのです。

アジア全体のレベルを上げないと世界基準で強くなれません。日本サッカー協会は「2050年までにFIFAワールドカップで優勝する」と宣言しています。アジア地域全体を強くしていくことが、その目標へ近づくことにつながると信じています。

アジア諸国が強くなるよう日本が手助けし、底上げされたアジアの中で切磋琢磨して、日本もさらに成長していくんだ。

またアジア戦略には、サッカーの強化だけではなく、アジアのマーケット規模を成長させるという目的もあります。

2010年ごろ、Jリーグの収入は約120億円で、アジアの中では断トツの1位でした。ですが、プレミアリーグが約2500億円。今はさらに差がついています。プレミアリーグの収入のうち、半分が海外の放映権料で、さらにその6割がアジアからです。スポンサー料も合わせると、毎年約2000億円以上のお金がアジアからヨーロッパに流れているのです。

これまでヨーロッパに流れていたアジアのお金をアジアに取り戻して、アジアのサッカー全体を底上げしていかないと、ヨーロッパへの一極集中は止まらない。小さなアジアのマーケットの中でシェアを広げるよりも、アジアのマーケット自体を大きくして、その中でJリーグもともに成長していく。アジアの成長を一気に促すためにも、ノウハウをすべて無償で提供していこうと。社内でこうした提案をし、最終的に皆賛成してくれました。こうやってアジア戦略室は本格的に始動していきました。

思い出に残るミャンマーでの〝マッチング〟

「ノウハウを無償提供してくれるなら、こちらは見返りとして何をすればいいのか」

アジアでお会いした実力者からはよく聞かれます。そんな時には「ならばあなたのネットワークをJリーグやクラブのスポンサー、自治体に紹介してくれますか？」とお願いしています。うまくいけば、さらにその人のビジネスにもなるわけですから、総じて「もちろんです」と答えが返ってきます。

リーグと提携すれば情報交換も活発になるので、リーグの各オーナーがどんな人かという情報がダイレクトに入りやすくなるというメリットもあります。「このクラブのオーナーはこういう人だから、日本のこのクラブと結びつけて……」といったクラブ間のビジネスマッチングはもちろん、スポンサーに対しても、企業のニーズを深掘りして「こういう方に、こういうルートを紹介できます」といったこれまでとは違ったメリットを提案することができます。

スポンサー企業が東南アジアのある国に進出したいと考えたとします。ＪリーグやＪクラブがその国につながりがあると、通常かかる時間やコストといったリスクを一気に飛び越えて進出できます。企業としてはビジネスが見えてから本格的にアジア進出ができるメリットもあります。Ｊリーグがサポートして、企業に喜んでいただければ、リーグやクラブの長期的なスポンサー契約にもつながります。

例えばミャンマーの場合は、いかにもアジアサッカー的なマッチングでした。

提携したのは３カ国目だったのですが、ミャンマーサッカー協会のゾー・ゾー会長（マックス・ミャンマーグループ会長）は、もともとは日本での中古車輸出業からビジネスを興した人で、日本語もペラペラで親日家でした。ミャンマーでリーグを立ち上げ、スタジアムも無いので、私財を投げ打ってスタジアムを建設している方でした。Ｊリーグとしてもサポートをしたいという話から支援が始まったのです。

そのころ、Ｊリーグのトップパートナーの某社がミャンマー進出を考えていました。私がミャンマーに行くタイミングで一緒に試合に行けばゾー・ゾーさんに会える可能性があるので紹介しますよと話しました。すると案の定、引き合わせることができたのです。

ハーフタイムにスタジアムの部屋でお茶を飲みながらゾー・ゾーさんに企業の紹介をしつつ、某社がミャンマー進出を考えて、熱心にこの国に通っていらっしゃるんですと話しました。その３日後ぐらいにゾー・ゾーさんサイドからその企業の担当者に連絡がきて、進出話が動き始めたのです。

そして今は、その担当者のその後の活躍もあり、ミャンマー進出に成功し、アジアでのビジネスを拡大されています。実際に、これまでにそういった成功事例がいくつもあります。

またこれは一つの例ですが、マンチェスター・ユナイテッドに日清食品がスポンサーにつき、世界中で日清ブランドの認知度が上がった、という手法があります。今の日本においては、例えば、トヨタやパナソニックなど大企業がクラブのスポンサーをしてくれていますが、国内ではその企業のほうが認知度が高いので、スポンサードすることによって企業の認知度が上がるということにはつながりません。こういう場合は、露出による認知度向上ではない別の価値でＪクラブを活用してもらい、企業にメリットを感じてもらう必要があります。そうしないとＪクラブのスポンサーをやっていただく本質的な価値はなかなか生まれません。

もちろん露出の価値は絶対に必要です。ですがプラスアルファで、露出だけではない価値も提供していけば、よりスポンサーに喜んでいただけます。新たにスポンサーになっていただける可能性も出てくる。サッカーを媒介にすると海外においてキーマンをつなげられますよと言えるのは、大きなメリットではないでしょうか。

アジア戦略×地方創生が描く未来

アジア戦略が地域と結びつき、地方創生につながった例もあります。

J2の水戸ホーリーホックでは、2014年からユニフォームの背中スポンサーが空いたままでした。ところが2016シーズン、ついに決まったのです。

理由はベトナム人の有名選手グエン・コン・フオンが水戸ホーリーホックに加入したからです。ベトナム国内で一番有名な日本のクラブが水戸ホーリーホックとなり、ベトナムの航空会社としてもサポートしたいということで、ベトナム航空が背中のスポンサーになったのです。

水戸ホーリーホックにとっては、これまで水戸市民や茨城県民の約300万人をターゲットにして営業活動を営んできましたが、突然ベトナム国民約9000万人も対象に加わりました。ベトナムの人々にとって最も有名なプロサッカークラブの一つになることで大きなメリットが生まれたのです。

日本中どこの地方にあっても、アジアの国で一番有名なチームになることができれば、その国民全員をターゲットとして、その国の一流企業にもアタックできる。地方に拠点を置くビハインドが無くなります。地方クラブこそ、アジア戦略を活用するメリットが大きいと思うのです。

企業や自治体からしても、スポーツは多額の税金が使われるとか、広告としては費用対効果が測りづらいと思っていたものが、海外に目を向ければスポーツが企業や自治体の価値を引き上げてくれるツールであるとなると、今までとはスポーツに対する概念がガラっと変わります。その対価として喜んで資金のサポートやスポンサードをしてくれることにつながります。

アジア戦略の真の狙いとは何か

Jリーグのなかに戦略室ができて、動きが加速し始めました。5つの重要戦略の一つに「国際戦略」が入っています（「魅力的なフットボールの提供」「「スタジアムを核とした地域再生」「デジタル技術の活用推進」「経営人材の育成」「国際戦略」）。必要なことだと認識されて国際部という「部」にも発展していくことになります。

ただ一定の評価は受けていると思う一方、「まだまだ……」と当事者であるわれわれスタッフは現状に全く満足しておらず、逆に危機感を感じていました。

〝Jリーグ百年構想〟のもと、今や38都道府県54クラブにまで成長し、着実に全国に広がっています。

「我が街にJクラブがあってよかった」

私たちにとって最高の褒め言葉です。しかし、日本全体で人口減少、高齢化しているなか、特に地方経済は苦しんでいるのが現実です。その状況下で、経営が立ち行かなくなってしまうクラブが出てきては絶対にいけません。

だからこそ、国内マーケットだけを見るのではなく、海外、とりわけ成長著しいアジアのマーケットを取り込むことが大事なのです。Ｊリーグを通じて地域とアジアがつながることで、地域経済の活性化に貢献することができる。地域経済が潤えば、地元のＪクラブにも還元される。アジア戦略を通じて、地域とＪクラブがともに発展していく流れをつくっていきたい。

アジア戦略の意味と意義はここにあるのです。さらにもう一つ狙いがあります。

サッカーを通して「第三の経済圏」を形成する

「第三の経済圏」――私たちは今後創造するマーケットをこう呼んでいます。世界のサッカー界の現状を鑑みたとき、大会スケジュールをはじめ多くのことがヨーロッパを軸に定められている部分が多いです。

例えば、ＦＩＦＡクラブワールドカップの開催は2年に1度、ヨーロッパのシーズンが終わった6月に開催することが検討されているようです。Ｊリーグが佳境を迎える9月、10月、11月に連続してインターナショナルマッチウィークが入ることも、ヨーロッパのシーズンのクライマックスにあたる4月、5月にインターナショナルマッチウィークが入らないのも、やはりヨーロッパを中心にスケジュールが決められているからです。

残念ながら、こうしたアンフェアな状態が続いているのが現状です。アジアの発言権を強めていくためには、ヨーロッパでもなく、南米でもない、新たなエリアでまとまった経済圏を形成することが一つの方策だと考えています。環太平洋エリアのサッカー経済圏をつくることで、アジアのプレゼンス向上が図れればと思っています。

まずは「東南アジア＋Jリーグ」という流れをつくる。また中国や韓国とは直接リーグ間提携はしていませんが、コンスタントにコンタクトを取り合っています。アジアでまとまりつつ、オーストラリアや、太平洋の西側も固めていきます。

太平洋の西側諸国とも手を結んでいくことで、メキシコやアメリカもこの新たな経済圏を無視できなくなり、環太平洋ラインに「第三の経済圏」ができ上がることになるでしょう。もちろん時間はかかるでしょうが、世界のフットボール界においてもアジアがきちんと物申す地盤をつくっていきたいと考えています。

アジアサッカーの成長段階を分類すると

そのためにもアジアサッカーの現状を正しく把握しないといけません。

アジアサッカーと一括りにしてしまいますが、成長の段階が異なります。われわれはカテゴリーを大きく3つに分けています。

東南アジアですと、タイ、マレーシア、インドネシア、ベトナムがファーストターゲットです。人口、サッカー熱、サッカー環境、経済力ということが要因です。セカンドターゲットはシンガポール、ミャンマー、カンボジア。その次がラオス、ブルネイなどで、それぞれのカテゴリーでJリーグがお役に立てることを考えます。基本的にこちらが何かを押し付けることは全くなく、向こうから何をしてほしいということを聞いて「ぜひやりましょう！」という流れがほとんどです。

またカテゴリーに合わせて比重を分けているのですが、国際交流基金から渡航費、宿泊費のサポートをいただいて、ASEAN10カ国の10クラブへ指導者を派遣しています。ベトナムやタイといったファーストカテゴリーの国であれば、年3回、5日間の指導者派遣をしています。また現地から育成年代の選手をJクラブに呼んでJクラブのユースの練習に参加させています。

指導者や事業担当者は現地へ行ってみると、こんなにも日本のサッカーが評価されているのだと気付いてもらえると思います。Jリーグでは普段当たり前にやっていることが、彼らにとっては貴重なノウハウになります。日本の指導者や関係者が、どんどん海外に出て行くことにつながっていく。その種まきの段階として非常にいい流れにあります。

経営面でも同じです。J2やJ3のクラブは、自分たちはJ1のビッグクラブではないからノウハウがないと思っていることも多くありますが、アジアの人たちにとっては貴重なノウハウになります。

例えば、ＡＳＥＡＮ各国のクラブスタッフに、浦和レッズの話をしても売り上げ規模などが違いすぎて興味を持って聞いてもらえません。でも、ファジアーノ岡山が地域リーグ時代に年間８００万円の売り上げ規模だったところから、どういうステップを踏んでＪ２まで昇格していき、10億円を超える売り上げ規模になってきたかという話は興味を持って聞いてくれます。Ｊ２やＪ３の話を聞いたほうが自分たちの現況と比較しやすく、腹落ちしやすいようです。

Ｊ２やＪ３のクラブは、Ｊ１のビッグクラブではないから自分たちはノウハウがないと思っていることが多いですが、アジアの人たちにとってはそうではありません。

次に、優秀な選手や監督を〝爆買い〟するなど、アジアサッカー界で強い存在感を見せている中国についてです。

中国は資金面でも飛び抜けていて、われわれとしても資金面で争おうなどと思っていません。お互いの長所をリスペクトし細やかにやり取りをしています。中国は潤沢な資金を背景に国際大会を精力的に開いているので、日本のユース年代が出場すれば、中国の資金によって招聘されたアフリカやヨーロッパの強豪チームと対戦できる良い機会となります。

お互いピッチの上では戦いますが、ビジネス上では争わずに、お互いの強みを活かせる可能性を探っています。Ｊリーグはアジアとともに成長することを目的としています。中国にも隠すことなく、一緒にやりましょうとノウハウを伝えています。提携こそ結んでいませんが、やっていることは提携国と変わりません。中国とは以前からコミュニケーションがあり、わざわざ提携を結ぶ必要がありません。仲が悪いということは全くないですし、政治面でできないことをサッカーでするのもまたスポーツの役目です。

［見据える未来］
アジアのスポーツビジネスで守るべきルール

１年の半分近く海外を飛び回っていて、その行き先の大半がアジア諸国なので、私はアジアのスポーツビジネスの最前線を最も肌で感じている一人かもしれません。日本の未来の鍵を握っているのはアジア諸国だと強く感じています。

ビジネスマンであれ、旅行者であれ、日本人はもっともっとアジアへ出ていくようになる。アジアの人々も、もっともっと日本へやって来るようになる。日本とアジアの関係は絆になり、絆はさらに深まります。ただ、ビジネスという面では独特の厳しさもありますし、Ｊリーグとして守るべきスタンスがあると思っています。

以前から一つ気になっていることがあります。もちろん全員ではありませんが、日本人の指導者や選手はアジアを下に見る傾向があります。ある指導者はタイの選手を実際に見てもいないのに「下手でしょ、タイの人」と言い放ちました。残念ながら実際に知らない、見てもいないのに下に見る人もいらっしゃいます。親日国といわれるタイですが、日本をリスペクトしながらも、実のところ、虎視眈々と日本に勝つことを狙っています。事実、2017年のAFCチャンピオンズリーグでは鹿島アントラーズがタイのムアントン・ユナイテッドに負けています。

私たち国際部のメンバーは、絶対上からの目線ではいかないという姿勢を徹底しています。基本的なスタンスはイーブン、むしろちょっとこちらが教えていただくスタンスでお付き合いするくらいが、先方はイーブンと感じています。こちらからノウハウを出す立場ですが、イーブンでやっていくことをいつも意識しています。

とにかく私たちの仕事は前例がありません。誰も教えてくれず、自らで考えて切り拓いていく。新しい驚きや面白さもたくさんあるのが、今の仕事の醍醐味です。

徐々にですが、日本サッカーやJリーグのためになるようなことを、自分たちの手でできている手応えを感じます。仕事をするなかで、川淵（三郎）さんや木之本（興三）さん、小倉（純二）さんといった、先人が築いてきたことが、どれだけ偉大であったかをひしひしと感じています。

先人たちがつくってきたJリーグの強化・育成のノウハウやリーグ運営のシステムを、私たちがアジアへ伝えに行く。国内だけでなくアジア全体で活かせる方法と捉えて横展開をしていき、ともに成長しようと歩んでいます。

経団連から評価されたJリーグのアジア戦略

Jリーグや Jクラブが企業や自治体などの海外展開をサポートした実績が増えてきたこともあり、2014年11月に経団連（日本経済団体連合会）が発表した「国家ブランドの構築に向けた提言」のなかには、企業やブランドのアジア展開の際には「Jリーグの積極的な活用なども考えられる」という文言が掲載されました。

またチェアマンの村井が国会議員の前でアジア戦略について講演をする機会をいただきました。さらに、Jリーグが発行している「PUB Report（パブレポート）」という年間総括レポートを、笹川スポーツ財団が国会議員300人に配ってくださいました。

また朝日や日経などの各新聞やNHKをはじめ各テレビ局がアジア戦略の活動について報道をしてくれました。自治体にとってもNHKに露出するということは非常に効果が大きいです。たくさんのメディア露出を通じてJリーグやJクラブのアジア戦略がますます認知されることで、多くの企業や自治体と一緒に活動が進めやすくなります。

ビジネスにおいて大切にしていること

私の仕事において大事にしていることをいくつか伝えておきたいと思います。

将来や未来に対するイマジネーション。

自分で自分を信じる力。

そして、突破力。

自分で自分を信じられなくなると、やり始めたことも終わってしまいます。そして最後の最後にものをいうのが突破力です。ルールや壁は立ち塞がるものではなく、突破していくものです。困難とチャンスはセットでついてきます。何か困難な状況が訪れた時に「わぁ、キツい」と思わずに「フフ、面白くなってきたじゃないか」と思うくらいでいいのではないでしょうか（笑）。私はそうやって予測不能なアジアでの仕事を乗り越えてきました。

また成果を出す時に絶対に必要なのは「戦略」と「スピード」だと思います。しかも足し算じゃなくて掛け算です。つまり、「戦略×スピード＝成果」です。いくら戦略が素晴らしくても、実行のスピードが遅いと環境の変化にも対応できず、大きな成果を上げにくい。それよりも走りながら考えて、対応していくほうがうまくいくと思っています。

自分のなかで印象に残っている言葉があります。

「言葉は意識を変え、意識は行動を変え、行動は結果を変える」

すごく意識をしている言葉です。長い間リクルートの社訓だった、「自ら機会を創り出し、機会によって自らを変えよ」に通じるものがあります。

大学生のころです。インドに行ったのがきっかけで旅行が好きになり、当時20カ国ぐらいは旅しました。基本はアジアへの旅行です。中学生のころはヨーロッパに家族旅行で一度だけ行ったことがあって、それ以来、旅行には全然行っていませんでした。それが急にアジア旅行にハマっていったのは、今思えば不思議な流れです。

現在、自分が旅行で行っていた国で仕事をしています。しかも子ども時代からプレーしていた大好きなサッカーで、です。こんなことは学生時代や社会人になったばかりのころは想像もできませんでした。これこそスティーブ・ジョブズが言う「Connecting the Dots（点をつなげること）」だなと心で頷いています。

大学院1年生のある出来事で人生観が激変

「将来のビジョンは？」と聞かれるのが実は苦手なんです。なぜなら、答えがありません。その時の全力疾走の積み上げが未来をつくると考えています。今、全力疾走していれば、後で振り返った時に後悔がないと思っています。

社会的なポジションにも全く興味がありません。自分を評価してほしいとも思ったことがありません。ただ、やったことに対する評価をいただくのは嬉しいです。でも、それは一人でやったことではなくて、上司やチームのメンバー、周囲の方々からのサポートなどがあってできたことです。そうした私自身への評価は興味がありません。組織のなかでどうなりたいかなどもありません。仕事がこういう状態になってほしいというビジョンはありますが、自分がこの年齢の時にこういうことをしていたい、というものは全くありません。

こう言い切れるのは、ある特別な体験をしたからかもしれません。それは大学院1年生の23歳の時でした。

少しの間、アメリカで農業の研究をしていたことがあったのですが、帰国直前に、なぜか人の顔がバナナみたいに見え出したのです。でも寝たら治ったので、研究で追い込まれて疲れているのかなと考えていた矢先、片目が全く見えなくなりました。帰国まであと2日だったので、アメリカで病院には行かず帰国後に病院へ行ったら、

「先天性の網膜剥離です。何十万人に1人います。それがあなたです」

と医師から告げられました。「両目とも見えなくなる可能性があるので、すぐ手術です」と言われ、そのまま手術となりました。結局、両目にメスを入れ視力も10分の1に下がり、眼鏡をかけるよう

になりました。

当たり前に目に見えていたものが、突然見えなくなる。

この体験がすべてを変えました。日々、当たり前のように過ごしていた日常がどれだけ大切かを身に染みて感じました。

手術後も2カ月間くらいは光を感じる程度でした。目を動かしてはいけないので、本も読めず、テレビも見られず。将来のことを考えていてもどうなるかわからない。だとしたら、今日死んでも後悔しない生き方をしたほうがいい。そういう生き方をしているほうが、この先も自分が望むような生き方をしていけるのではないか。そう考えるようになり、生きる上での逆算はやめました。

だからこそ、人はどんどん出て行っていろんなことを経験して、心底楽しんだほうがいい。

サッカーを小学1年生から大学までやってきたことや、バックパッカーでアジアを回ったことが、今の仕事にすべて活きています。当時は想像もしなかったことです。どんどんトライすることが将来活きてくるかもしれません。

アジアに、世界にどんどん行ってほしい。日本の明るい未来へのヒントがそこにあると思っています。

「快の笑い」

かつて勤めていたシーグローバルのメンバーが大事にしていた言葉に「快の笑い」というものがあります。

赤ちゃんがまだ目が見えないころにお母さんの母乳を飲んでいると、美味しくて笑顔になるというような、自然に出てくる笑顔を「快の笑い」というらしいです。ゴールが決まった時にみんなが「ワーーッ！」となるのと同じだといわれています。仕事を通じて「快の笑い」を増やしていこうと話をしていました。いまだに私のなかでそれを大事にしています。もっと快の笑いを増やしていく、もっと日本を快の笑いで溢れさせていく。これが私の夢です。

私はとにかくサポーターが喜んでいる姿を見るのが一番嬉しいのです。あのモンテディオ山形サポーターのおじさんのように。

［トップランナーの哲学］

アジア戦略が、企業や自治体に対して、海外に目を向ければスポーツが企業や自治体の価値を引き上げてくれるツールになれることを示していくことで、スポーツに対する概念が今までとガラっと変わります。その対価として喜んで資金のサポートやスポンサードをしてくれることにもつながります。

また地方クラブにとってはアジアの国で一番有名なチームになることができれば、その国民全員をターゲットとして、その国の一流企業にもアタックできる。地方に拠点を置くビハインドが無くなります。

岡部恭英

TEAMマーケティング テレビ放映権／スポンサーシップ営業
アジア・パシフィック＆中東・北アフリカ地区統括責任者

「『徹底的に準備』して、
いろいろな『アクション』を試み、
失敗を重ねながら
経験値を上げていく」

おかべ・やすひで
スイス在住。サッカー世界最高峰UEFAチャンピオンズリーグに関わる初のアジア人。UEFA（欧州サッカー協会）マーケティング代理店「TEAMマーケティング」のテレビ放映権 / スポンサーシップ営業 アジア・パシフィック＆中東・北アフリカ地域統括責任者。慶應義塾体育会ソッカー部出身、ケンブリッジ大学MBA取得、海外在住歴：20年以上（スイス、イギリス、アメリカ、シンガポール、ベトナム）。スポーツビジネスアカデミー（SBA）アドバイザリー・ボード、筑波大学院国際スポーツアカデミー（TIAS）特別講師。共著「国際スポーツ組織で働こう！」好評発売中！

Yasuhide Okabe
×
Broadcast Rights

Bリーグを中心にスタートしたスポナビライブ。Jリーグを全試合放送するダゾーン。日本においてもOTTサービスが始まったが、これは次世代に向けた放映権ビジネスの新しい戦いの始まりでもある。

放映権の流れには「5つの波」があるとされている。OTTはまさに5つ目の波だ。日本は過去において、いくつかの波に乗り遅れたばかりに、世界との距離を大きくあけてしまった。今回の波には絶対に乗り遅れてはならない。

［現在に至るまで］
アメリカの豪邸で聞いた「Let It Be」に心が震える

「海外へ行きたい」

「サラリーマンにはなりたくない」

2つの思いが体内で交差して、学生時代の私を突き動かしていました。

父親は某大手重工業会社のサラリーマンでした。いわゆる「お堅い」仕事の、真面目が取り柄の父のことを昔は大嫌いでした。そんな父の生活や、当時住んでいた千葉から横浜・日吉にある慶應義塾大学のサッカーグラウンドまで行く間の1時間の通学の電車のなかで、サラリーマンの姿を見ては、私にはこういう生活はできないと思い続けていました。

所属していた慶應ソッカー部は伝統を重んじるチームで、卒業後はみんな大企業に就職するか、弁護士になるか、あるいは留学か大学院進学かというある程度決まったコースを歩んでいきます。でも、私一人だけが違っていました。そういった選択肢には全く興味が湧かなかったのです。私の興味の対象は海外で仕事をすることでした。父親が少し英語を話すということも影響したかもしれませんが、小学校の時から周囲には帰国子女が多く、なぜか海外に対しての漠然とした憧れがあったのです。

その一人に斎藤聡という戦友がいます。元FCバルセロナのマネージャーで、現在は日本サッカー協会に勤めています。同じ慶應ソッカー部の仲間で慶應義塾ニューヨーク学院出身でした。

1994年のFIFAワールドカップ・アメリカ大会の時です。

「そんなにアメリカが好きなら、行こうよ」と誘われて、彼の実家があるデトロイトへ行ったのです。

聡の親御さんはアメリカにおいてビジネスで大成功を収めていました。もともとは駐在員として渡米されていたのですが、会社がうまくいかなくなり事業を畳むと決まった際です。「畳むのであれば、この会社を俺にくれ。会社を辞めて俺がアメリカでやる」と言い切ったそうです。税法上、タダでの会社譲渡はできないので、文字通り1ドルでその会社を買収。その後、事業展開に成功されたそうです。

聡の実家はものすごい豪邸でした。日本では見たことがありません。彼の家に入った瞬間、あまりの豪華さに私はノックアウトされました。

聡はピアノが弾けるので、同じく豪邸に住む隣人たちと共同で所有するプライベートの湖を、応接間の窓にへばりついて眺めている私の後ろで、白いグランドピアノで「Let It Be」を弾いたんです。邸内の隅々にまで響き渡るピアノの透明感漂う音。今まで経験したことがない心地良さです。震えました。

「……やっぱり海外へ行こう！」

確かに単純かもしれません。若かったゆえの勢いだったのかもしれません。でも、私の気持ちは完全に固まりました。聡にはアメリカに連れて行ってくれたことも感謝していますが、もう一つ有り難いと思っていることがあります。

のちに私はサンフランシスコ在勤となるのですが、ＭＢＡ（経営学修士）に進学しようかと迷っていた時、彼がやって来て大量の関連書籍を置いていってくれました。そのおかげもあって私は無事合格するのですが、人生の転機となった２つの出来事について、彼には感謝してもしきれない気持ちでいます。

自分を変えたかったら、〝場所〟を移る

初めてのアメリカ体験は、私に契機をもたらしました。

そのころの私は茶髪にピアスで夜になると六本木や西麻布のお店に出没、一応英語の勉強のためと称して外国人客が多いところでアルバイトをしていました。自由気ままな毎日です。サッカーは好きでしたが、ソッカー部の4年間でスタメンになったことは遂に一度もありませんでした。

アメリカから帰国した私は「とにかく海外に住みたい！」という一心で動き出しました。

大学卒業後、海外留学やヒッピー的な世界一周旅行などを志したもののすべて挫折して、半年くらいのフリーター生活を経た後、商社に就職を決め、最初はベトナム勤務。転職してシンガポール、そしてサンフランシスコのシリコンバレーで働き、ＭＢＡを取得するためケンブリッジで勉強。世界を転々としました。

「自分を変えようと思ったら、まずは〝場所〟を移る」

この言葉は私の持論でもありますが、あのドラッカーもこう言っています、「場所を変えろ」と。場所を変えることで、会う人が変わる、読む本が変わる、時間やお金の使い方も変わります。私もベトナムに行き、シンガポールやアメリカに移り、イギリスで学び、現在はスイスです。移るたびに劇的に変わっていきました。

若いころには千葉で自由気ままな生活をしていた私が変わったのは、場所を移ったから。その契

機は初めてのアメリカです。そこでＦＩＦＡワールドカップ観戦も初めて体験しました。

目標はＦＩＦＡワールドカップで日本が優勝すること

私にはそのころから心にふつふつと湧いているドリームがあります。

「ＦＩＦＡワールドカップで日本が優勝する姿が見たい」

「私自身も日本が優勝するために、サッカービジネスの現場で働いて貢献したい」

この思いが現在に至るまで全身をずっと巡っていました。サッカー関係の仕事に就くにはどうすればいいか。場所は、将来日本サッカー界の役に立つ人脈やスキルを得られるようにと、サッカービジネスの最前線であるヨーロッパと決めました。

いろんな方法論が考えられますが、とにかくＦＩＦＡやＵＥＦＡの中枢にもっと日本人が入る必要があります。ところがＦＩＦＡマスター（ＦＩＦＡが運営する大学院）、リバプール大学のサッカーＭＢＡ、ロンドン大学のサッカーＭＢＡをリサーチしても、残念ながらスポーツ専門系ＭＢＡホルダーで、サッカービジネス界の中枢のポジションにいる日本人はゼロでした。

今後は登場するかもしれませんが、私が調べた10年前には一人もいませんでした。ＦＩＦＡマスターも、リバプールフットボールＭＢＡの取得者も、ほとんどみんな日本に帰ってきてしまいます。

ハードルの高い講座を受けたのになぜでしょうか。

実はヨーロッパ人であっても、サッカービジネス界に入るのは大変困難なことです。そこにアジア人が入っていくことは並大抵のことではありません。

どうすればそこで働けるか？　私は必死で考えました。

まず誰もが知っているようなヨーロッパの大学に行かないといけません。なぜか。例えば、ヨーロッパのサッカーファンの人のほとんどは、私の妻の母校であるアメリカのスタンフォード大学のことなど知りません。彼らが知らないところは、たとえ名門ＭＢＡであっても行く意味がない。

誰もが知っている大学に入り、かつ「現場」にいることが重要と判断したのです。「現場」にいることによって、入ってくる情報の質が全然違います。

日本の外交が弱いのも、日本のスポーツ関係者のＩＯＣにおけるプレゼンスが弱いのも、理由は同じです。「現場」にいないからです。「現場」というのはミーティングの場というだけではなく、会議が終わった後に煙草を吸ったりお酒を飲んだりするような場所も含まれます。

ところが、多くの日本人たちは公式ミーティング後にホテルに帰り、日本人だけで飲み食いしています。これでは大事な「マーケティングインテリジェンス（市場戦略情報）」が入ってこないのも、もっともです。

ケンブリッジ大学を選んだ理由

まずはMBA取得を目指しました。

候補はイギリスのケンブリッジ大学とオックスフォード大学しかありませんでしたが、最終的にケンブリッジ大学を選びました。

理由としては「サンドイッチコース」（1年間学校が就労ビザを保証してくれ、インターンシップとしてフルタイムで英国で労働できる）があったからです。この制度はオックスフォード大学にはありません。

MBAはアメリカとヨーロッパでは多くの面で違いますが、最大の相違はその期間です。アメリカは2、3年しか実務経験がない人が多く、ヨーロッパは私のように30歳くらいの実務経験がある人が学びに行くので、アメリカは修了期間が2年、イギリスは1年です。ロスするのが1年か2年かでは大きく違います。アメリカでは2年かかるというのは長過ぎて、当時すでに30歳を過ぎていた私にとってはデメリットでした。その点でもイギリスの、ケンブリッジ大学を選択しました。

受験して結果は合格。一旦、社会人を辞めて真の目標実現のため、ケンブリッジでの生活が始まりました。

岡部流就活術〝ヨーロッパサッカー界に就職する方法〟

ケンブリッジ大学在学中は、ヨーロッパ中のいろんなところへ足を運びました。プレミアリーグ（イングランド）、ブンデスリーガ（ドイツ）、セリエA（イタリア）、ラ・リーガ（スペイン）、リーグ・アン（フランス）の5大リーグの名門クラブ、サッカー協会、エージェンシーはほとんど訪れました。勉強そっちのけです（笑）。「ヨーロッパのサッカー界に就職する」ことがターゲットだったからです。ただ、なかなか人に会えませんでした……。

何とかコンタクトを取れないか？　必死で考えていたら、いい手が浮かびました。「MBAの修士論文のためにインタビューをしたい」と打診しました。そうして初めてアポが取れたのです。何度もトライして失敗して思いついたことでした。

もちろん修士論文はアポを取るためのダシです（笑）。インタビューの後にはあらかじめ用意してあった訪問先のビジネスを短くシンプルに、MBA的に分析して作成した自分のプロポーザル（企画・提案）を伝えました。

「私は大学院生ですがもともとビジネスマンで、〝ギブ・アンド・テイク〟をいつも心掛けてきました。インタビューの機会をギブしてくれたことに感謝して、あなたたちにギブしたい。ついては、あなたたちのビジネスを調べてきたので、5分でいいから時間をいただけないでしょうか」と切り出しました。こういうのを英語で〝セールスピッチ〟と言います。これだけで終わってしまわないため、さらに追い打ちをかけます。

「この提案には、ヨーロッパサッカーの戦略的市場であるアジアとアメリカで働いていた私の経験とネットワークが活きます」とつなげていくわけです。向こうが興味を持つと5分が10分、さらに30分話して最終的に1時間となる。こうやってヨーロッパサッカーのさまざまな組織と話を続けました。

するとです。驚きの結果をもらいました。プレミアリーグのエバートンと、セリエAのユベントス、インテルから「うちに来ないか?」と誘われたのです。私はそのなかからエバートンを選びました。このプレミアリーグのクラブでのインターンが現在に至るサッカービジネスへのスタートとなったのです。

日本人のスキルに決定的に足りないもの

実はエバートンでの仕事の獲得術には、海外で仕事をしたいと考えている日本人に重要なファクターが隠されています。

日本では昔から「読み」「書き」「そろばん」というものがあります。これは大事なスキルで、スポーツの分析では「読み」「書き」「計算」ができないと仕事になりません。ただ、これだけでも世界で通用しません。何が足りないか？

日本人に欠けているのは「話す」なのです。アメリカ人もイギリス人も子どものころから、ここが徹底的に鍛えられている。ワン・オン・ワンの対論がそうですし、人前でのスピーチやプレゼンもそうです。

世界的な企業であるトヨタが得意な「5S」があります。5Sとは「整理」「整頓」「清潔」「清掃」「しつけ（習慣化）」です。「読み」「書き」「そろばん」「話す」と「5S」を高いクオリティで徹底してできたら、世界のどこへ行ってもそれなりにビジネスできると思います。

人より早く正確に読めて、Eメールや社内文書、プレゼンなどを書け、さらに内容を人前や交渉で話せる。あらゆるインフォメーションもしっかり整理整頓できている。ここまでできたら上出来です。

日本人は「話す」が弱い、圧倒的に。特にインターナショナルの場でのプレゼン・ディベート・交渉、あるいは公式・非公式なミーティングでのコミュニケーションなどがメチャクチャ弱いです。克服するにはどうすればいいか？　それこそ、場所を移ればいい。日本に生まれたのだから日本にいなくてはいけないと決めつける必要はありません。もっと海外に出ればいい。旅行でも、留学でも、駐在でもなんでもいいんです。スポーツに何らかの形で関わりたい人、特にサッカーになるとグローバルな観点が欠かせないので絶対に海外へ行くべきです。ここは誰が何と言おうと譲れない点です。

［スポーツビジネスの最前線］

どうやって私は〝ドリームジョブ〟を掴んだのか

現在、ＵＥＦＡチャンピオンズリーグをＵＥＦＡとともに創設した会社・ＴＥＡＭマーケティングで仕事をしています。ケンブリッジ大学の同級生からは、「お前は〝ドリームジョブ〟を手に入れた」と羨ましがられます。では、どのようにしてこのドリームジョブを手に入れたか。

実はエバートンに入った時と同じ方法で「修士論文のためにインタビューをさせてほしい」と電話したんです。ここからきっかけをつかみ、会社のメンバーとなりました。ただ、ＴＥＡＭにこんな方法で入ったのは私しかいません。いまだに同僚はみんな笑います（笑）。

最初に電話した時です。ＴＥＡＭからはそういうことをやっていないとの返事でした。当然でしょう（笑）。ですが、ラッキーなことに人事につないでくれました。人事担当といろいろ話をして、何かあったら連絡するということで最後にメールアドレスを教えくれました。「質問することを恐れるな」という私の好きな言葉が功を奏することに。

「何かあったら連絡すると言いますが『何か』はなんですか？」と質問したら「テレビ放映権関係だ」と答えが返ってきました。修士論文のためのインタビューなんか受けられませんと言われて、そこで引き下がればすべておしまいです。ですが、30秒でうまく自分の経験やネットワークやスキルがその会社でどのように役に立つのかを話すのです。まぁ、これまで100回くらい失敗しているから、できることでもありますが（笑）。

手前味噌ではありますが、ここまでやる日本人は少ないのではないでしょうか。インターンの募集がウェブであったので送ったら拒否され、それでへこんで終わり。日本だと「心が折れる」と表現するでしょう。心が折れる、奇妙な日本語で私には意味がわかりません。

そういったアプローチが認められて、さらに何回かの面接を経て、TEAMから「お前は面白いから取締役にも紹介するよ」と言われ、結局、放映権のマネージャーを一人雇うので来てくれと言われました。そこから現在に至っています。

「TEAM」とはどういった会社なのか

さて、現在私が仕事をしているTEAMとはどういった会社か。UEFAチャンピオンズリーグとUEFAヨーロッパリーグのマーケティングの代理店です。UEFAは協会ですからビジネスはしません。

サッカービジネスで現在最も収益が高いのはテレビ放映権です。テレビ局は世界中にありますから放映権は莫大なものです。だからこの仕事は典型的なスポーツマーケティングといえます。ですがＴＥＡＭが放映権やスポンサーシップを扱う他の会社と違うところは創立の内容です。

ＴＥＡＭの創立者の2人、クラウス・ヘンペルとユルゲン・レンツは、まさにスポーツマーケティングのパイオニアです。ＵＥＦＡと一緒にチャンピオンズリーグのコンセプトを考え抜き完成させました。私はそこで、アジア・パシフィック＆中東・北アフリカ地区のセールス統括責任者として、放映権とスポンサーシップを担当しています。月の半分くらいは、アジアとヨーロッパを回っています。

仕事内容は、テレビ局やインターネット会社などに対して放映権を売ることがメインです。また、スポンサーシップは、あらゆる業種がそのスポンサーになりうるわけですから、どういうマーケティングの目的があって、ＵＥＦＡチャンピオンズリーグを通して彼らの目的がどうやって達成できるかということをすり合わせていくのがスポンサーシップセールスです。

では、放映権セールスにおいてアジアの現状はどうか。

最近プレミアリーグが中国で入札をして放映権を売りました。それを追うように他のリーグも続いています。

スポーツだけではなく、中国は現在一番重要なマーケットです。中国人にとってはサッカーとバスケットボールがトップの人気スポーツなので、市場に入りやすい。

一方、インドはサッカーがそこまで人気がなく、クリケットが断トツの人気を誇っています。ヨーロッパサッカーを見るのは都市に住んでいる教育レベルの高い、西洋カルチャーをよく知っている限られた方々が多い。それはそれで大事なスポンサーや広告主になり、重要なセグメントです。

本当のOTT参入は、これから

放映権を扱っている仕事をメインとしていますが、2016年、日本のマーケットに大きな話題がありました。パフォーム社が参入し、ダゾーンを展開したのです。

一部メディアでは「黒船襲来」と否定的に書き立てていましたが、日本市場だけに限ったことではなく、OTT（インターネット回線を通じて提供される動画や音声などのコンテンツ）はすごくいいチャンスとなるでしょう。

このパラダイムシフトを「5つの波」と名付けて、私はいろいろなところで紹介しています。しかし「5つ目の波」であるOTTは端的にパフォームのことを言っている訳ではありません。ソフトバンクのスポナビライブとダゾーンは同列視されていますが、実は全然違います。パフォームが展開するのはあくまでもスポーツに特化したインターネットサービスですが、ソフトバンクは日本でナンバー2の携帯会社で、さらにアメリカナンバー3の携帯会社を持っている巨大な電話会社なのです。そのためスポナビライブはソフトバンクが抱えている契約者に対して言わばB to B to Cの展開が可能なため、OTTにおけるビジネスチャンスはより多岐にわたります。

ではＯＴＴが進めば、日本の放映権はどうなっていくでしょうか。

今までのスポーツビジネスの変遷を辿ると、まず看板広告セールスがあり、これが第１の波。地上波が第２の波。第３の波が有料（ペイ）ＴＶ。第４の波が電気通信会社で、第５の波がＯＴＴです。日本は第３の波にうまく乗れていませんでした。

プレミアリーグは第３の波の、アメリカからやって来たペイＴＶにうまく乗りました。第４の波においても電話会社のＢＴグループと、２０１６－２０１７シーズンからの３年間で当時の為替レートで約１兆１３００億円という契約を交わしています。日本のスポーツ界はここで波に乗れず20年で大きな差がつきました。

現在のＯＴＴに乗り遅れたら、日本は取り返しがつかなくなってしまうかもしれません。もはや、従来のテレビの時代ではないかもしれません。ＯＴＴであれば、パソコンやスマートフォン、アイパッド、アップルＴＶなどでコンテンツを消費できます。そこでどういうユーザー体験を生み出せるかというのが、今後重要になります。

今後来るのは、ユーチューブやネットフリックス、フェイスブック、あるいはアマゾンかもしれません。アマゾンやツイッターなどは既にインドのクリケット・プレミアリーグの放映権入札に参加しています。すでに「波」は来ているのです。今後、もし彼らのような世界的なインターネット企業が本気になったら、プレミアリーグ、ＦＩＦＡワールドカップの放映権をもっと巨額で買うことは大いにあるのではと推測しています。

［見据える未来］
物事はすべては理由があって起こる

私は人生に偶然ということはないと思います。すべて必然であるということを英語で言うと「Things happen for a reason」となります。物事は全部理由があって起こります。

私の場合、もし奥さんがいなければ、ここまでのポジションには辿り着いていないでしょう。ＦＩＦＡワールドカップを観戦して、サッカービジネスを志して、どうやってヨーロッパへ行こうかと悩んでいた時、一つの選択肢がヨーロッパでのＭＢＡ取得でした。周囲からは「ＭＢＡだったらアメリカだろう」という声もあったなか、うちの奥さんだけは「間違いなくヨーロッパに行ったほうがいい」と言い切っていました。彼女が正しかったのは、私の人生が証明しています。

彼女には人生の節目節目でプッシュしてもらいました。奥さんは同じ大学の１つ下の学年でした。私は体育会系で学校には試験以外は行っておらず遊び呆けていました。一方、奥さんは真面目に通って熱心に勉強をしているタイプ、性格も全然違います。彼女とは共通の友人に紹介された際、「今、こういう思いでＭＢＡを考えているんだけど話を聞かせてくれ」と言ったのですが、ナンパだと思われて会うのを2回断られました（笑）。それでも諦めず自分から聞きに行ったんです。そこからいろいろあって、結婚にまで至りました。３人の子宝にも恵まれ、彼女には感謝しかありません。

私自身は自分で人生を逆算して、ＭＢＡを取りに行くべきかどうか、自分のキャリアプランにとって、今後のサッカー人生にとって、役に立つか立たないかということを常に考えて行動してきました。自ら歩み寄ってアクションを起こしていかないと何も起こりません。

自らアクションを起こす重要性は、現在の仕事にも通じています。

ＵＥＦＡチャンピオンズリーグだけではなく、ヨーロッパサッカーでいえば、以前はスポンサーになるのはだいたいアメリカ、ヨーロッパ、日本の大企業しか手が届きませんでした。巨大なマーケティング予算を持っている会社は、世界でも限られています。ですが、日本の後に入ってきたのが、台湾や韓国の企業です。エイサー（Acer）やサムスンという企業がＩＯＣを通して参入してきました。さらに今何が起きているかというと、中国のワンダなどの企業が、ＦＩＦＡワールドカップのスポンサーに参入してきました。

仕事としては、向こうからやって来るものと、新たなマーケットが生まれるのを探しに行くものとの2通りあります。昔はＵＥＦＡチャンピオンズリーグもＦＩＦＡワールドカップも、スポンサーができる企業は世界で有数の30～50社くらいでした。今はどんどんそれが広がってきています。われわれが中国などに自らアクションを起こし、話を持って行く必要性も出てきています。

サッカー界におけるヨーロッパの地の利

サッカーのクオリティでいえば、ＵＥＦＡチャンピオンズリーグがベストなのは間違いないでしょう。その大会をつくり出した会社の一員として仕事ができて、さらに試合を見たければ、いつでもお客様をＶＩＰで連れて行って、素晴らしい場所でみんなで飲み食いしながら試合を見て楽しんで給料をもらえるのですから、こんなにラッキーな仕事はありません。まさに〝ドリームジョブ〟といえます。

うちの子どもは「パパって、本当に仕事しているのかな」と言うんです。サッカーの仕事をしていると言うんだけど、サッカー選手ではないし、何やっているんだろうと。試合ばっかり見ていて、どうやってお金をもらっているんだろうって（笑）。

さらにＴＥＡＭマーケティングの本社があるのはスイスです。スイスにいると最高峰のサッカーを日常的に体感できるヨーロッパの地の利があります。ミラノとかロンドン、パリへ行くのも１～２時間です。車で行くこともあります。東京から大阪に行くみたいな感じです。

例えば、川淵三郎さんがＪリーグを立ち上げられたみたいに、東南アジアでゼロからプロサッカーリーグを立ち上げようとしたら大変な事業です。日本はこれだけきちんとしている国だから、川淵さんはＪリーグをきちんと成功させることができました。それでもヨーロッパサッカーとアジアの市場を比べると、やはりアジアは苦労しているわけです。

グローバルに活躍するために最も必要な能力とは

日本でしか仕事をしたことのないビジネスマンで、グローバルに活躍しようとしてうまくいかない人の問題は、徹底した準備が足りないということです。

日本でしか仕事をしたことがない人には、いろんな意味でハンディがあります。私の場合は、少なくともヨーロッパに行く前にアジアへ行き、アメリカを見てきたうえで、イギリスのMBAを取得しました。それなりの経験値があります。いきなり日本から海外の大学院に行って、ヨーロッパのサッカークラブに行ったとしても、うまくいかないのは経験値が足りないからです。

「徹底的に準備」して、いろいろな「アクション」を試み、失敗を重ねながら経験値を上げていくしかありません。経験値を上げることは「慣れ」につながりますが、実現するには自らアクションを起こさないと無理です。日本が「減点主義」の教育を行っているせいかもしれませんが、みんな失敗を恐れすぎです。リスクもあまり冒しません。やりたいことをやるというのは、辿り着いて達成できるまで、何が起こっても失敗ではありません。すぐに失敗だと思わないこと、そして諦めないことです。

どんどん海外へ出て行こう！

ＴＥＡＭでの仕事も10年経験しました。今後の夢や目標としては、ＦＩＦＡに入ってＦＩＦＡワールドカップを手掛けたいです。

ＦＩＦＡワールドカップで優勝する日本が見たいという大志もありますが、日本のサッカーを強くするためには、アジアが強くならなくてはいけません。現場に行けば、理論的なことではなく、あらゆることが肌でわかると思うんです。アジアのサッカー、例えばＡＦＣアジアカップやＡＦＣチャンピオンズリーグを手掛けるというのも面白い。いずれにせよ、中枢、本丸にいる必要があります。

以前、ＦＩＦＡには日本人の職員が３人いましたが今は１人しかいません。私がなぜ、こういった書籍を書いたり、ウェブメディアで連載をしたり、講演をしているのかといえば、日本の若者にどんどん海外に出てほしいからです。私のような人があと１００人いたら、もっと最前線の情報を日本は得られます。そういった先陣として、今後も自らアクションしていきたい。そして近い将ＦＩＦＡワールドカップやアジアサッカーに携わり、日本に２度目のＦＩＦＡワールドカップを呼び寄せ、〝優勝〟することが私の目標です。

［トップランナーの哲学］

日本は世界の潮流を見逃してはいけません。放映権なら「5つの波」を正しく理解することが重要です。日本での本格的なOTT参入は、これからでしょう。スポーツビジネスでも他のビジネスでも世界で仕事がしたければ、「徹底した準備」と「アクション」を試み、経験値を上げることです。やりたいことを達成するまでは何が起こっても失敗ではありません。リスクを恐れず、どんどん海外へ出て行きましょう！

［構成者プロフィール］

上野直彦　（うえの・なおひこ）

兵庫県生まれ。早稲田大学スポーツビジネス研究所・招聘研究員。ロンドン在住の時にサッカーのプレミアリーグ化に直面しスポーツビジネスの記事を書く。女子サッカーやJリーグも長期取材している。『Number』『AERA』『ZONE』『VOICE』などで執筆。テレビ・ラジオ番組にも出演。初めてJユースを描いたサッカー漫画『アオアシ』で取材・原案協力。構成や編集に協力した書籍に『全くゼロからのJクラブのつくりかた』（東邦出版）、『ベレーザの35年』（ベレーザ創部35周年記念誌発行委員会）、『国際スポーツ組織で働こう！』（日経BP社）、著書に『なでしこのキセキ川澄奈穂美物語』（小学館）、『なでしこの誓い』（学研教育出版）がある。NewsPicksで「ビジネスはJリーグを救えるか？」を好評連載中。Twitterアカウントは @Nao_Ueno
本書においては、倉田知己氏、是永大輔氏、日置貴之氏、山下修作氏、岡部恭英氏による原稿の構成を担当。

野口学　（のぐち・まなぶ）

1978年生まれ、奈良県出身。早稲田大学卒業後、2002年に外資系コンサルティングファームへ入社。以降、10年以上にわたり、経理・財務、製造、購買・調達、サプライチェーン、セールス、人事などの業務部門からIT、経営管理に至るまで、多岐にわたるプロジェクトを成功に導く。2014年、スポーツ業界へのキャリアチェンジを図りフリーランスへと転身。同年、月刊誌『サッカーマガジンZONE』編集者に。現在は主にスポーツビジネスについて取材・執筆を続け、複数Webメディアにてコンテンツ企画・制作業務も請け負う。『スポーツの持つチカラでより多くの人がより幸せになれる世の中に』を理念として、スポーツの“価値”を高めるため、ライター／編集者の枠にとらわれずに活動中。

本書においては、渡邉和史氏、秦英之氏、上林功氏、馬場渉氏による原稿の構成を担当。

装　丁　　渡川光二
写　真　　GettyImages（帯写真）
波多野友子（P8）
澤山大輔（P34）
兼子愼一郎（P142）
編　集　　中林良輔
制　作　　シーロック出版社

本書は「Ｊリーグ TEAM AS ONE 募金」宛に売り上げの一部を寄付させていただきます。

プロスポーツビジネス 私たちの成功事例

東邦出版／編

2017年5月9日　初版第1刷発行

発 行 人　保川敏克
発 行 所　東邦出版株式会社
〒169-0051　東京都新宿区西早稲田3-30-16
http://www.toho-pub.com
印刷・製本　信毎書籍印刷株式会社
（本文用紙／ラフクリーム琥珀 四六 71.5kg）

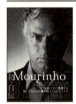

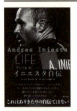

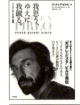

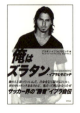